2015年度湖北省社科基金一般项目（项目号2015051）
湖北大学新闻传播学省级重点学科经费及新闻传播学学位点建设经费资助

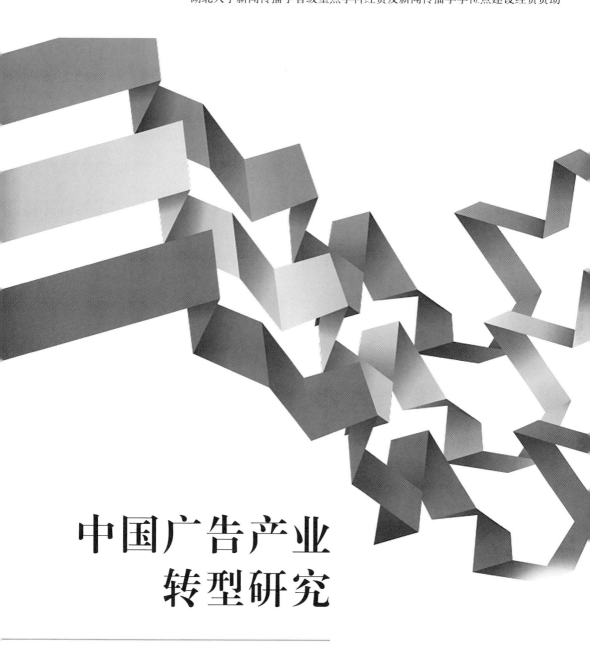

中国广告产业
转型研究

杨 雪 著

中国社会科学出版社

图书在版编目(CIP)数据

中国广告产业转型研究/杨雪著. —北京：中国社会科学出版社，
2017.5

ISBN 978 - 7 - 5203 - 0203 - 6

Ⅰ.①中…　Ⅱ.①杨…　Ⅲ.①广告业—产业发展—研究—中国
Ⅳ.①F713.8

中国版本图书馆 CIP 数据核字(2017)第 086510 号

出 版 人　赵剑英
责任编辑　陈肖静
责任校对　刘　娟
责任印制　戴　宽

出　　版　中国社会科学出版社
社　　址　北京鼓楼西大街甲 158 号
邮　　编　100720
网　　址　http://www.csspw.cn
发 行 部　010 - 84083685
门 市 部　010 - 84029450
经　　销　新华书店及其他书店

印刷装订　北京君升印刷有限公司
版　　次　2017 年 5 月第 1 版
印　　次　2017 年 5 月第 1 次印刷

开　　本　710×1000　1/16
印　　张　12.75
插　　页　2
字　　数　169 千字
定　　价　59.00 元

目　录

第一章

导　论

第一节　研究的缘起

一　问题的提出

广告业长期以来被视为传统服务行业，在国家统计目录中，广告业作为特种服务业与娱乐、洗浴等行业并列，广告业的重要性和特殊性体现不足。在《中华人民共和国营业税暂行条例》中，"广告业"属于"服务业"的子目，与代理业、旅店业、饮食业、旅游业、仓储业、租赁业税率同为 5%；在《营业税税目注释（试行稿）》中，将广告业定义为用图书、报纸、杂志、广播、电视、电影、幻灯、路牌、招贴、橱窗、霓虹灯、灯箱等形式为介绍商品、经营服务项目、文体节目或通告、声明等事项进行宣传和提供相关服务的业务。2009 年 9 月，我国国务院常务会议审议通过《文化产业振兴规划》，其中明确指出广告产业与文化创意、影视制作、出版发行、印刷复制、演艺娱乐、文化会展、数字内容和动漫等并列为国家重点文化产业，广告被列入了第一梯队的重点文化产业。广告产业属于典型的高级结构的产业主体，即知识技术密集型产业，有高附加值，属于文化产业、创意产业、智能经济的范畴。

早在1986年，经济学家罗默就曾经撰文指出，新创意会衍生出无穷的新产品、新市场和财富创造的新机会，所以新创意才是推动一国经济成长的原动力。1998年，英国创意产业特别工作小组首次对创意产业进行定义，将创意产业界定为"源自个人创意、技巧及才华，通过知识产权的开发和运用，具有创造财富和就业潜力的行业"。根据这个定义，英国将广告、建筑、艺术和文物交易、工艺品、设计、时装设计、电影、互动休闲软件、音乐、表演艺术、出版、软件、电视广播等行业确认为创意产业。根据上述定义，创意产业及创意经济的发展使得传统经济转变为一种新经济，创意经济是知识经济的核心内容和动力。美国政府于1993年建立"经济分类政策委员会"，负责建立新的文化产业分类系统；1994年7月，墨西哥与加拿大也参与这一工作而建立起北美产业分类系统（NAICS）以替代美国自1940年启用的标准工业分类系统。阿特金森（Atkinson）和科特（Court）于1998年明确指出，美国经济的本质，就是以知识及创意为本的经济。20世纪90年代，随着欧洲文化创意产业的蓬勃发展，欧盟委员会出台了一系列有关文化创意产业的工作报告和政策性文件，其中表述了多种对文化产业进行分类和界定的方法。其中第三类主要指个人的艺术及文化创作、音乐及图像市场、电影及电视制作、图书和传媒市场、艺术设计市场、手工艺、表现及休闲艺术等。2009年，欧盟将其定位为欧洲的"创新和创造力"年。

由此可见，创意产业已不再仅仅是一个概念，它已经发展并成为推动经济增长的重要力量。各发达国家的创意产业以各自擅长的取向、领域和方式迅速发展，展现了一幅创意产业全球蜂起的热烈景象。对于创意产业对经济增长和结构转换中所起的重要作用，产业经济学界在理论研究上必须给予更多的关注。①

　　自 1979 年中国大陆广告市场重开以来，中国广告产业取得了快速的发展。相关统计数据显示，1979 年，中国大陆仅有十几户广告经营单位、1000 余人的广告从业人员，广告经营额约 1000 万元。② 截止到 2009 年底，中国广告产业的从业人员超过了 130 万人，广告经营额达到 2041 亿元。③ 短短三十年的时间，广告经营额增长了 170 倍以上，并以年平均 30.8% 的增速成为我国增长最快的产业之一。广告产业具有高渗透性和强辐射力，是创意产业的主导产业之一，其发展程度对于推动国民经济的发展具有重大价值。在 1985 年，广告产业对中国国民生产总值的直接贡献率还不到 0.1%。但随着广告产业的迅速发展，广告产业的重要性逐渐显现出来。自 1996 年起，广告产业占中国国民生产总值的比重就超过了 0.5%，其中，在 2004 年，广告经营额在 GDP 中所占的比重更是超过了 0.9%，2010 年中国广告经营额在 GDP 中占 0.588%，尽管比 2009 年的 0.609% 略有下降，但在整个国民经济中也占有了重要的地位。2013 年中国广告经营额首次突破 5000 亿元大关，达到 5019.75 亿元。从事广告经营业务的单位数量和广告从业人员数量继续维持高速增长的态势，达到 44.5 万户和 262.2 万人，相较于 2012 年分别增长了 17.89% 和 20.4%。随着广告业的迅速发展，中国广告市场规模已经在世界范围内占据了重要的位置，成为全球第二大广告市场。

---

① 杨公仆主编：《产业经济学》，复旦大学出版社 2005 年版，第 19—20 页。
② 现代广告杂志社：《中国广告业二十年》，中国统计出版社 2000 年版，第 3 页。
③ 数据来源：《2009 年中国广告业统计数据报告》，《现代广告》2010 年第 4 期。

表 1 - 1　　　　　1985—2013 年广告经营总额及其增长率、
国内生产总值及其增长率

年份	广告经营总额 （万元）	广告经营总额 增长率（%）	国内生产总值 （亿元）	国内生产总值 增长率（%）
1985	60522.53	65.69	7780	20.57
1986	84477.74	39.58	9380	7.8
1987	111200.3	31.63	10920	16.42
1988	160211.9	44.08	13853	26.86
1989	199899.8	24.77	15677	3.9
1990	250172.6	25.15	17400	5
1991	350892.6	40.26	19580	7
1992	678675.4	93.41	23938	12.8
1993	1340874	97.57	31380	13.4
1994	2002623	49.35	43800	11.8
1995	2732690	36.46	57733	10.2
1996	3666371	34.17	67795	9.7
1997	4619638	26	74772	8.8
1998	5378327	16.42	79553	7.8
1999	6220506	15.66	82054	7.1
2000	7126632	14.57	89404	8
2001	7948876	11.54	95933	7.3
2002	9031464	13.62	102398	8
2003	10786800	19.44	116694	9.1
2004	12646000	17.24	136515	9.5
2005	14163487	12	182321	10.4
2006	15730000	11.06	209407	11.6
2007	17410000	10.68	246619	11.4
2008	18895600	8.53	300670	9.0
2009	20400000	7.96	335353	8.7
2010	23405000	14.73	397983	10.3
2011	31255529	33.54	471564	9.2
2012	46982800	50.32	519322	7.8
2013	50191500	6.83	568845	9.54

资料来源：《中国广告年鉴 1985—2013》，中华人民共和国国家统计局网站 http：//
www.stats.gov.cn/。

但是，中国广告市场依然存在着诸多问题，严重影响中国广告业的发展。比如，我国广告市场仍属于从原子型市场结构向低集中寡占型市场结构过渡的时期，市场低集中度问题仍然突出；在整合营销传播的背景下，我国广告公司发育不成熟，存在着严重的泛专业化、非专业化的问题；正是由于广告公司缺乏核心竞争力，零代理和负代理的现象也层出不穷等。

从宏观上来说，十七届五中全会描绘了"十二五"期间新的蓝图，中国经济以加快经济发展方式转变为主线，迎来第三次全面转型。从微观的角度来看，存在着诸多深层次矛盾的广告产业也面临着这一现实，转型成为中国广告业生存与发展的必然选择。

二　选题的意义

（一）学术价值

产业转型研究及产业创新研究在产业经济学中都属于较新的研究领域，理论体系还不成熟，很多结论亟须实践的检验。近年来，广告学者运用产业经济学的理论开展广告产业经济学的相关研究，成为广告学研究的一大热点。但就目前而言，这方面的研究还处于起步阶段，理论的导入不是很充分，而且很多研究并没有把产业经济学理论与广告产业很好地结合起来。本书主要运用产业转型理论与产业创新理论来研究广告业，具体解释分析中国广告产业发展过程中存在的深层次矛盾，并提出解决方案。这种尝试将丰富广告产业经济学的理论研究，同时也具有理论层面的重大意义。

（二）实践意义

广告产业是我国国民经济的重要产业门类，其发展对于国民经济的发展将会起到强大的推动作用。广告产业是个高关联度产业，1985—2009 年中国广告经营额增长率与国内生产总值（GDP）增长率的相关性表明，二者的相关系数为 0.55，这说明二者高度正相关，广告经营额随着国内生产总值的增加而增加。[①]从欧美发达国家的经济发展状况来看，欧美跨国企业的国际竞争力与本民族强大的广告产业紧密相连。反观中国的情况，经济全球化背景下跨国广告集团的强势扩展将中国本土广告公司推至墙角面临着严峻的生存危机，中国广告产业的发展问题一直未能得到政府和业界的高度重视。广告产业遭遇困境，对于整个世界的经济发展与社会发展都带来重大的负面影响，因此广告产业转型的问题需要上升到国家战略层面来认识。广告产业如何转型才能迎来自己的黄金发展时期，是非常迫切的现实问题。

第二节　国内外相关研究文献综述

一　国外相关研究文献综述

发达国家的广告产业早已进入相当成熟的发展阶段，但是检索相关文献，国外学者对广告产业研究方面的相关成果非常少。从广告产业转型的角度来说，国外学者研究广告产业转型的相关问题最早始于 20 世纪 60 年代，美国广告产业进入集团化发展时期，并构成为集团化发展的重要手段。[②] 70 年代，美国最大的 50 家广告代理公司基本上被最大的几家广告集团所控制，到了 80 年

---

① 数据来源：《中国广告年鉴 1985—2009》，中华人民共和国国家统计局网站 http: //www. stats. gov. cn/。

② "Merger and Acquisition Binge Hit Madison Ave", *Editor and Publisher*, August 19, 1978, p. 38.

代，原有的 20 家最大广告公司有四分之三被其他公司收购或兼并。① 20 世纪 70 年代美国经济的衰退迫使消费品企业也开始调整战略，由长线的品牌投资转向更多关注营销传播的短期市场效果，这直接导致广告公司开始转型：增加研究服务以获取额外收入，同时开始并购其他营销传播公司，从而进入直销、促销和医疗保健传播代理等领域。② 国外学者对广告公司组织变革研究较多，1996 年，Anders Gronstedt 和 Esther Thorso 经过调查分析，归纳出五种基本的广告公司整合组织机构模式，最后一种模式即是通过广告公司内部组建专门化的营销传播部门，或整合成为营销传播公司，以实现范围经济。1997 年，有学者提出未来的广告机构将不再是单纯的广告机构，而是一个营销机构（Steinberg，1997）。关于广告公司集团化以及全球化问题，西方广告学者也给予了重点关注。有研究表明，跨国广告公司在不同国家扩张战略的选择存在差异，有两个重要的影响因素，即文化差异和政策风险。文化差异小，政策风险小，跨国广告公司大多选择并购方式进入；反之，则选择合资方式进入。③ 我们可以看到，国外学者的研究与国外广告产业发展的实际是相对应的，但是有关广告产业转型的研究相当零碎，缺乏整体的观照。

近两年，西方广告学术研究开始集中在"数字媒体""全球化"和"金融危机"的背景下进行，这一点和中国广告学者研究背景颇为相似。但不同的是，在此背景下，西方广告学者多从广告规制政策和广告效果层面研究，如植入式广告、网络口碑传播、数字媒体广告效果以及个体化消费者研究等，甚少从广告产业角度进行讨论。

---

① Garfield, M. S., The fallacies of giantism, *Advertising Age*, June 1, 1981, p. 51.

② "Ad agency mergers in high gear", *Media Decisions*, May, 1978, pp. 56 – 63.

③ Jaemin Jung, Acquisition or joint ventures: foreign market entry strategy of US advertising agencies, *Jouranl of Media Economics*, 2004, 17 (1): 35 – 50.

在广告学研究领域，国外学者主要有三大研究取向：一是以广告效果为核心的商业研究取向；一是以广告策划和创意为核心的"修辞"研究取向；一是以广告文化为核心的批评研究取向。

商业研究与"修辞"研究取向，以美国为代表。商业研究主要围绕广告接受效果展开，传统的广告效果研究内容主要涉及四方面：广告效果模式研究、影响广告效果因素研究、特定媒体研究、广告作品效果研究[①]。近几年着重关注手机、网络等新媒体广告和植入式广告、口碑传播等新形式广告，2009 年尤为关注跨媒体广告效果比较研究。西方修辞研究被运用于广告领域，主要集中在以下几个方面：广告修辞手法的分析、广告视觉修辞研究、广告修辞与消费者研究[②]，尤其是广告修辞的劝说机制如何对受众发生作用最终引导消费者购买产品这一研究点是众多学者一直关注的重点。

批判研究取向以欧洲传播学的批判学派为代表，法兰克福学派将广告视为文化工业整体的一个重要组成部分。由于他们对文化工业持一种严肃的批判和否定态度，因而对作为文化工业重要形式之一的广告也必然予以拒斥，并据此提出了他们的广告批判理论。他们提出广告本身纯粹是社会权力的展示，是一种社会控制力量；法兰克福学派广告批判理论的另一重要论断，认为广告宣传是一种消极的原则。

综上所述，国外的广告产业研究偏重于商业资讯的描述性研究，局限于狭小的广告本位，而缺乏整体发展的宏观视角；虽然有大量的数据提供，却缺乏学理层面的阐释性研究，因而显得空泛而缺乏深度。

---

① 许正林、薛敏芝：《2009 西方广告学术研究的七大视点》，《广告大观》（理论版）2010 年第 2 期。

② 郑奕：《西方广告修辞研究述评》，《东南传播》2009 年第 8 期。

二 国内相关研究文献综述

从广告产业转型论文的数量上来看，以"广告"和"转型"为关键词在中国期刊全文数据库中共搜索到 194 篇相关文章。相关搜索显示，1995 年开始有零星论文关于广告业转型，大多是针对某一企业或某一广告公司的微观具体的问题。2004 年开始，新媒体的兴起引发了学界对网络广告、手机广告等新媒体广告的关注，随后范围扩大到在数字与网络传播的背景下探讨广告业发展与转型，有关广告产业转型的文章在数量上迅速增加。2004 年之后，共有 121 篇相关论文发表，是过去十年间的两倍。

（一）广告产业转型的重大背景

从论文的内容分析来看，对中国广告产业进行研究不可忽视的三大重要背景：一是数字传播与新媒体环境；二是整合营销传播；三是国家经济发展战略。

数字传播与新媒体环境一直是学界和业界关注的重点，尤为关注在这一背景下广告活动所做的相关调整。有学者将新媒体描述为"生产无限、传播无限、需求接近无限"，这影响到消费者媒体接触形态呈现出"碎片化"趋势，数字化使得广告产业链得到延伸，造成广告从简单的传播工具向集多种交流渠道和多类交流方式于一体的沟通平台演化①②。有学者预见到"受众时代"的真正来临，未来人们享受高品质的媒体服务大部分是要收费的，媒体的生存资本提供者将由广告主向传播受众发生转移，广告从

① 黄升民、杨雪睿：《碎片化：品牌传播与大众传媒新趋势》，《现代传播》2005 年第 6 期。

② 黄升民：《分与聚：一个潮流五大关键》，《广告大观》（综合版）2007 年第 6 期。

观念到形态，从效果衡量标准到核心价值都会发生改变①。数字传播与新媒体环境必然带来广告生存形态的变迁。广告形态并不是一成不变的，它是一个动态的发展过程，不同的广告形态作为广告系统的子结构而存在，发挥着不同的营销传播功能。对于数字传播与新媒体环境下的未来广告形态，不同学者有不同的看法。有学者认为广告生存形态的变迁与新传播技术的应用和传媒产业形态的变革密切关联。正如新的媒介形态出现不会导致旧有媒介形态消亡，新的广告形态也不会导致旧有广告形态的消亡，未来广告将以专业数据库为生存形态②；有学者认为数字时代以定向、精准、互动为主要特点的广告形式层出不穷，广告经营主体变得多元，广告资源组合的必要性增强，强强联盟与资本统合成为方向③；有学者认为未来的广告应该是以网络技术和数据库技术为内核，将原来对于消费者"轰炸式"的传播方法演化为"尊重本体需求下的吸引"模式，也就是"广告传播平台化"④；有学者认为整合以客户为中心的组织形式将成为广告服务的核心⑤；还有学者提出了"创意传播管理"的概念，即以人的智慧与数字技术相结合控制传播资源，广告服务模式围绕这个系统进行转型，并带动中国广告业进入产业链全面调整的新的历史时期⑥。虽然学者们对于在这一背景下广告生存形态变化的研究各不相同，但是可以肯定的一点是：数字传播使得一系列新兴媒体

---

① 舒咏平：《数字传播环境下广告观念的变革》，《新闻大学》2007 年第 1 期。

② 张金海、王润珏：《数字技术与网络传播背景下的广告生存形态》，《武汉大学学报》（人文科学版）2009 年第 4 期。

③ 丁俊杰、黄河：《观察与思考：中国广告观——中国广告产业定位与发展趋势之探讨》，《现代传播》2007 年第 4 期。

④ 黄升民：《广告市场环境的变化与营销应对》，《中国广告》2006 年第 8 期。

⑤ 程士安：《数字化时代广告业的"蓝海"究竟在哪里？——寻找现代广告业的战略发展之路》，《广告大观》（综合版）2007 年第 3 期。

⑥ 陈刚：《创意传播管理（CCM）——新传播环境与营销传播革命》，《广告大观》（综合版）2008 年第 5 期。

形式纷纷涌现，新技术会最终导致广告产业结构与产业链的变化，成为广告产业转型的重大背景。

与数字化与新媒体相伴而生的，是整合营销传播的出现。整合营销传播的提出，具有划时代的意义，它不仅宣告单纯依赖广告实现营销传播的时代已经结束，而且同时宣告整合营销传播时代的到来。一方面，整合营销传播已经成为全球广告与营销从业者，以及学者广泛认同的概念，已经是一个全球性的研究课题。另一方面，整合营销传播给广告产业带来了经营理念和产业形态的转型，亦是学者探讨相关问题时不可回避的重要现实背景。有学者提出以经营理念转型作为广告产业创新的先机，从销售代言转向整合营销传播①，还有学者提出广告的未来发展趋势将是以广告为工具整合其他营销手段，广告产业形态将发生转型，即由提供单一广告代理服务的广告产业走向提供广告、促销、事件营销、市场调查等多元化服务的"大广告产业"，以广告产业为核心来整合其他营销传播服务的相关领域，广告业应当成为整合营销传播的核心②。可以预见的是，整合营销传播时代由于整体广告环境的变化和整合营销传播新的要求，传统广告正在逐渐没落，广告业未来如何发展是值得深入探讨的课题。

国家经济发展战略是十七大提出的一个重要战略思想，首次将"转变经济增长方式"改为"转变经济发展方式"，把加快转变经济发展方式作为"关系国民经济全局紧迫而重大的战略任务"提出，并进一步明确了转变经济发展方式的重点。国家工商行政管理总局提出广告业应该而且必须为调整经济结构、转变经

---

① 张敏：《从销售代言到整合营销传播——试论中国广告业经营理念转型》，《新闻界》2006 年第 5 期。

② 程明、姜帆：《整合营销传播背景下广告产业形态的重构》，《武汉大学学报》（人文科学版）2009 年第 4 期。

济发展方式做出自己的贡献，同时，广告业自身也面临着转变发展方式的艰巨任务。我国广告业发展非常迅速问题也非常突出，在加快转变经济发展方式的背景下，广告业必须根据自己的特点努力实现跨越式发展，除了正确处理好监管与发展的辩证关系，还必须承担起社会责任和国家利益。同时要注意的是，加快经济发展方式转变已经刻不容缓，中国广告业还需一个准确的定位，留意创意经济和产业的特点，为有创意的个人和群体提供自由发展的空间①。广告产业的定位问题一直以来都是学者关注的热点，一直到 2006 年，我国广告行业的定位问题才得到解决，即广告产业属于现代服务业，是文化产业的支撑。国家"十一五"规划纲要明确指出，加快发展服务业，推动广告业发展，将广告业列为重点发展的产业。广告产业自 2006 年 12 月被纳入"文化创意产业"以来，其发展前景广受关注。2009 年 7 月《文化产业振兴规划》将广告产业纳入第一梯队，使其成为重点文化产业，这预示着广告产业成为了政策关注的重点行业，广告产业的发展能够拥有更加良好的发展机遇。有学者将"创意"运用到产业层面，提出四个创新——广告产业发展模式创新、广告产业运作模式创新、广告代理收费模式创新、广告产业监管机制创新，提倡以"创新"来实现广告产业的改造和升级，实现广告产业高速度超常规的发展②。有学者以广告产业为例研究创意产业的创意来源、创意扩散和传播途径、创新动力，探索了创意产业的自主创新机制③。也有学者对文化产业振兴规划能否拯救沦落为现代服务业的广告产业表示忧虑，认为广告产业的核心主体——媒体行政化

① 刘凡：《加快经济发展方式转变的中国广告业》，中国广告协会网，2010 - 06 - 28。
② 张金海等：《中国广告产业发展与创新研究》，《中国媒体发展研究报告》2007 年卷。
③ 陈雪颂、邬关荣：《中国创意产业的自主创新机制研究——以广告业为例》，《技术经济》2008 年第 6 期。

结构的天花板并未打破，会阻碍广告产业的发展①。这些研究对于本课题的研究有直接的借鉴意义与启发作用。

（二）广告产业进行转型的必要性

1. 中国广告市场低集中度问题突出

依据贝恩教授提出的 SCP 范式对中国广告产业结构进行分析，中国广告产业市场结构基本上是一种原子型的市场结构，处于完全竞争状态。广告公司数量多、规模小、竞争力弱。② 贝恩假设：市场集中度与利润率之间呈正相关关系，市场集中度越高，市场利润率也就越高，市场集中度低，企业的利润率就不断降低。按其分类标准，CR8 < 40%、40% ≤ CR8 < 45%、45% ≤ CR8 < 75%、75 ≤ CR8 < 85%、CR8 ≥ 85%，分别属于原子型、低集中寡占型、中（下）集中寡占型、中（上）集中寡占型、高集中寡占型。这一模型验证美国、法国、英国等发达国家的广告市场集中度都大于 70%，属于寡占型市场结构。中国广告公司呈现高度分散高度弱小的态势，属于完全竞争的"低集中度"市场结构③。"低集中度"使中国广告业由知识密集型、技术密集型、人才密集型的高利润产业沦为劳动密集型的低效率产业。

2. 中国广告产业泛专业化严重

纵观广告代理业演进的历程，我们发现欧美国家广告代理业大致经历了两次重大转型，即从单纯的媒介代理到综合型的广告代理、从综合型的广告代理到整合营销传播代理。第一次产业升级确立了广告产业的核心竞争力。第二次产业升级优先发生在西方发达国家，于 20 世纪后期完成，中国的广告产业升级发生较

①　陈刚：《喜忧参半——对文化产业振兴规划与中国广告业的未来发展的思考》，《广告大观》（综合版）2009 年第 9 期。

②　孙海刚：《我国广告业的产业组织分析》，《商业时代》2006 年第 25 期。

③　张金海：《中国广告产业"低集中度"与"泛专业化"两大核心问题的检视——兼论中国广告产业的改造与升级》，2007 年全国广告学研讨会上的发言。

晚，目前正面临这次升级①。但是，第二次综合型广告代理逐渐向整合营销传播服务代理过渡，从某种意义上造成了广告产业新的困境和严重问题。在整合营销传播的浪潮下，广告公司纷纷进行战略转型，即由传统的广告代理领域拓展到整合营销传播代理领域。这一趋势本身是不错的，但许多广告公司往往盲目跟风，贪大求全以为什么都可以做，实质上什么都不可能做到高度专业化。专业的整合营销传播代理对相关人才的要求极高，但许多广告公司往往缺乏相关的人才储备与培养。同时在转型过程中，许多广告公司的组织机构并没有做出相应的本质性的调整与变革，这导致了目前普遍存在的广告公司服务的泛专业化问题。

目前，中国广告产业的泛专业化问题严重，泛专业化正逐步消解着广告公司的核心竞争力。长期以来，我国广告业小规模、零散化的运作方式，以及低级的、无序的竞争状态决定了核心竞争力缺乏的现状，并且无法适应现代营销传播环境的改变。

3. 外资主导倾向严重

1986 年 5 月，第一家合资广告企业——电扬广告公司在华成立。2005 年中国广告市场全面开放，自 2005 年 12 月 11 日起，外资可在华设立独资广告公司。可以说，中国广告市场与广告产业是在对外开放中成长起来的，没有对外开放，就不可能有中国广告产业的今天。截至 2006 年 5 月，全球五大广告集团在华合资公司有 38 家，外商投资企业的总体数量达 497 家，广告营业额达132.4 亿元人民币；数量占 0.4% 的外资广告公司，其营业额占专业广告公司总经营额的 21%，其户均营业额与人均营业额，分别为专业广告公司户均营业额与人均营业额的 52 倍和 24 倍；同时，

---

① 张金海：《中国广告产业：低集中度与"泛专业化"两大核心问题的检视——兼论中国广告产业的改造与升级》，2007 年全国广告学研讨会上的发言。

跨国广告集团不断加速对中国本土广告企业的收购、兼并，不断实现其在华的强力扩张①。在广告市场全面开放的背景下，外资凭借雄厚的资本、先进的技术和理念等优势，不断加大对我们"高度分散高度弱小"本土广告公司的收购和兼并，对本土广告资源进行全方位掠夺。

"广告的未来在于互联网和中国"这是WPP的总裁马丁·索洛尔的一句名言。这句话正在逐渐变成事实，各大跨国广告集团已将产业链推进中国。有观点认为外资的进入对中国广告业发展有积极的一面，能促进国内广告业的竞争②。外资进入从长远的发展角度来说，会激活中国的市场机制。所以，想要应对，就必须开放我们的市场，让中国自己的广告公司、媒介有更多的生存空间，这可能也是用外部压力来促进内部改革的一种方式③。不过大部分学者都持反对意见，认为中国广告产业的外资主导倾向于目前中国自主产业的发展，以及自主经济的建设，发生着某种偏离，更由于广告产业在经济与产业发展中的高关联性，广告产业的外资主导将对中国自主经济的建设与自主产业的发展，造成某种不利的影响。这种影响我们不可能盲目夸大，却也不能视而不见④。

(三) 广告产业转型的路径

基于以上分析，在新的市场环境与传播环境下，广告业必将面临第三次重大转型。广告产业的转型如何实现？什么样的路径符合我国广告产业发展的现实？这是学界和业界都很关心的问题。

---

① 参见张金海等《全球五大广告集团解析》，《现代广告》2005 年第 5 期；陈永、张金海等《中国广告产业将走向何方》，《现代广告》2006 年第 7 期。

② 齐勇锋：《关于深入体制改革的若干意见》，2016 年 1 月 11 日在中国文化产业新年论坛上的讲话。

③ 《外资进入中国广告：狼来了还是鲶鱼效应?》，http://finance.qq.com/a/20060821/000357.htm。

④ 张金海：《中国广告产业发展三十年的制度检视》，《中国特色社会主义文化建设研究》2008 年第 10 期。

　　黄升民提出广告产业的转型可以从四个方面去理解：一是业务领域，从过去单一的广告代理向整合营销、整合传播的转型；二是媒体经营，以大众媒体为核心向"全媒体"平台拓展；三是经营理念，从过去借鉴模仿欧美发达国家，转向重新考虑什么是中国的营销，什么是中国的广告，什么是中国的广告代理等一系列的问题；四是产业的定位，会从商业的传播服务转向创意产业龙头行业，而广告业必须承担它的历史使命①。也有学者提出只有实现产业转型才能化解我国现实的产业危机，主要包括三个方面内容：一是观念转型：从产业专业化转型到产业战略化转型；二是组织转型：从单纯的甲方乙方到战略合作伙伴；三是业务转型：从专业代理业务到信息服务业务②。廖秉宜（2009）运用核心竞争力理论，具体阐述了广告产业核心竞争力的内涵，在比照全球广告产业两次重大升级的基础上，指出中国广告产业的转型是广告产业可持续发展的战略必需，转型的核心和目标就是以广告产业为主导整合营销传播的相关领域，转型的实现途径是通过广告公司价值链的集聚和张大，提升广告产业的核心竞争力③。

　　还有学者提出在整合营销传播的全球背景下，广告的未来发展形态将会转变为以广告为工具整合其他营销传播手段，由此带来广告产业形态的转型，即由提供单一广告代理服务的广告产业走向提供广告、促销、事件营销、市场调查等多元化服务的"大广告产业"④。

---

①　黄升民：《大国转型中的广告产业转向》，《广告大观》2010 年第 8 期。
②　张金海、黄迎新：《广告代理的危机与广告产业的升级与转型》，《广告大观》（综合版）2007 年第 6 期。
③　廖秉宜：《中国广告产业的战略转型与产业核心竞争力的提升》，《广告大观》（理论版）2009 年第 2 期。
④　程明、姜帆：《整合营销传播背景下广告产业形态的重构》，《武汉大学学报》（人文科学版）第 62 卷。

中国产业结构严重失衡，针对这一问题所导致的内部不平衡和紊乱这一现状，有学者提出了结构性焦虑与转型期焦虑这一概念。他认为，结构性焦虑归根结底还是由于中国广告产业的结构问题所导致的内部不平衡和紊乱。转型期焦虑是由于中国市场竞争的升级，以及新媒体环境的巨大变迁，企业对广告传播需求正在发生新的变化，中国的广告产业正在进行转型。要改变这一困境，需要通过整体的力量，推动产业结构的调整，逐渐建立符合中国广告产业特点的新框架，同时，中国本土广告公司实现新的广告服务模式①。有学者关注到，广告公司产业链重构是广告业转型中的重要一环。从西方广告发展来看，广告公司经历了三次重大转型，即产业化转型、专业化转型和战略化转型。我国广告公司需要超越媒介资源，开展"二次创业"，实现战略化转型，即广告公司不再限定在传统的"广告"领域，纵向上通过"产品植入"等形式，进入媒介内容生产领域；横向上通过参与企业战略，成为企业战略合作伙伴②。也就是说，广告公司可以分别向上游和下游产业链扩张延伸，对广告产业价值链进行重构。一方面，广告公司要向产业链上游扩张，进入广告主的核心决策层。另一方面，广告公司要向产业链下游延伸，大范围多角度地开发媒介资源，集中业内业外的资本，通过资本运作组建大型媒介购买集团③。

综上所述，国内已从经济学、管理学的角度介入中国广告产业的研究，但研究中存在较多缺憾，比如研究内容较为分散而缺乏系统，流于空疏的议论而缺乏精准的量化分析，胶着于零星经

---

① 陈刚：《结构性焦虑与转型期焦虑的交织——对当代广告公司现状的一种解读》，《广告大观》（综合版）2007 年第 6 期。

② 徐卫华：《试论我国广告产业的衰退原因及对策》，《中南民族大学学报》（人文社会科学版）2008 年第 2 期。

③ 程明、姜帆：《整合营销传播背景下广告产业形态的重构》，《武汉大学学报》（人文科学版）第 62 卷。

验的总结与表象的陈述而缺乏成熟的研究范式和分析框架。从产业转型角度来研究中国广告产业也主要局限于发展模式和发展路径的变化，从宏观、中观、微观全角度研究中国广告产业转型尚属空白。关于中国广告产业研究的这些缺陷和不足正是本节努力要克服的方向。

三 相关理论资源研究综述

(一) 相关概念的界定与辨析

1. 转型

"转型"，其本义是"转变"或"变换"，是对事物进行一种根本性的变革，即通过改变某事物的形态或性质使其更好地满足新的需要。转型是指一个以新制度代替旧制度的过程，是实质性的改变和引入全新的制度安排[①]。也有学者指出"转型"并非一个严格的科学术语，它最初源于化学界的"构型""构象"和生物学界的"进化"等概念，以指称由于分子结构的空间排列组合方法的变化而具有的新结构和功能。某物内部分子或细胞与周围环境的各种互换关系形成了该分子相对稳定的存在方式，当事物内部要素与周围环境发生变化时，事物原先的相对稳定的存在方式就发生了变化，这一过程被称为"转型"。这一概念被移植到社会研究领域，就具有了社会学和哲学的性质，用以描述社会结构的具有进化意义的转换和性质，说明传统社会向现代社会的转换。[②]

2. 产业升级与产业转型概念辨析

产业升级这一概念被不少学者使用过，基本都是用来研究产

---

① 景维民：《转型经济学》，南开大学出版社 2003 年版，第 9 页。
② 陈章龙：《社会转型时期的价值冲突与主导价值观的确立》，南京师范大学，博士学位论文，2005 年。

业结构的变化问题，即产业结构优化与升级。产业升级是指产业结构从低水平向高水平发展的过程，包括产业结构从不合理到合理，从合理到优化，体现出一种层级递进的关系，并不包含全面更新和重构的效果。产业转型则包括了产业结构和产业组织的全面更新和重构。相比较而言，产业升级体现一种递进性，产业转型则强调转变的过程。对于中国广告产业而言，不仅仅是产业升级的问题，还面临着产业组织和产业结构的根本性变革，因此，产业转型这一概念能更恰当地反映其所处的发展阶段。

3. 产业转型的内涵

产业转型包含有广义与狭义两种理解。广义的产业转型指社会与环境间的相互作用，处理社会、科技和环境变化之间的相互关系，可以解释为基于社会可持续发展的生产与消费过程转型。[①]狭义地理解产业转型，有三种认识。第一种强调产业结构转型，即产业的升级换代。产业转型实质是指产业结构重构，以主导产业部门的转换为特征来表示产业结构的变化，是生产要素的替代及其在变化环境下的一种重新组合。[②] 第二种观点重视产业布局重构。认为产业转型是从传统产业的布局结构转向以高新技术产业为主、服务业全面发展的产业新格局，导致城市功能结构特征发生变化。第三种重视产业内企业组织的变化。认为产业转型在微观层次上表现在不同规模层次的企业之间的协作分工，以及企业组织的空间行为变化。

（二）产业转型的理论基础：产业结构理论和产业组织理论

1. 产业结构理论

产业结构理论主要从经济发展的角度研究产业间和企业间的

---

① 郭丕斌：《新型城市化与工业化道路——生态城市建设与产业转型》，经济管理出版社 2006 年版，第 84—85 页。

② 张建平：《澳门信息业发展与产业转型》，《广东社会科学》1999 年第 4 期。

资源配置格局及配置效率。产业结构状况不仅决定了其创造增加值的能力和比较生产力，而且决定了相应的产品结构、技术层次及其产业素质。[①] 20 世纪 40 年代，产业结构这一概念诞生。经济学家在最开始使用产业结构这一概念对经济问题进行分析时，既将它用来解释产业内部之间的关系以及产业与产业之间的关系，也用它来解释产业内部的企业关系结构和产业的地区分布。随着产业经济研究的不断发展和深化，产业结构的概念和研究领域逐渐明确下来。产业结构理论逐步形成体系，和产业组织、产业布局区别开来。现在，产业组织专指产业内企业间的市场关系和组织形态。产业布局专指产业的地域分布结构，而产业结构则是指产业间的技术经济联系与联系方式。这种产业间的联系及联系方式可从两个角度来考察：一是从"质"的角度动态地揭示产业间技术经济联系与联系方式不断发展变化的趋势，揭示国民经济的各个产业部门在经济发展过程中，起支柱作用的产业部门的结构效益以及替代规律，从而形成狭义的产业结构理论；二是从"量"的角度静态地研究一定时期内产业间联系与联系方式的技术经济数量比例关系，也就是产业间"投入"与"产出"量的比例关系，从而形成产业关联理论。广义的产业结构理论包括狭义的产业结构理论和产业关联理论。[②]

西方产业结构理论由三次产业划分理论、产业布局区位理论、产业布局比较优势理论、结构调整理论和结构演变趋势理论五大体系构成。就本研究而言，结构调整理论和结构演变趋势理论最具借鉴意义。

（1）结构演变趋势理论

结构演变趋势理论代表人物主要有威廉·配第、科林、克拉

---

① 赵立新、郑刚：《一个关于区域产业竞争力评价的理论框架》，《云南科技管理》2003 年第 4 期。

② 苏东水：《产业经济学》，高等教育出版社 2006 年版，第 176 页。

克、库兹涅茨、霍夫曼和里昂惕夫等。威廉·配第（Willian Pet-ty）在《政治算术》中提出："工业的收益比农业多得多，而商业的收益又比工业多得多。"这是西方经济理论中最早有关产业结构的论述。配第通过经济发展不同阶段中三次产业的不同比例关系来研究产业结构的一般演进规律。在配第之后，亚当·斯密（Adam Smith）在《国富论》中论述了产业部门（Branch of Indus-try）、产业发展及资本投入应遵循农、工、批、零、商业的顺序。德国经济学家霍夫曼1931年在其代表作《工业化的阶段与类型》一书中，提出了霍夫曼工业化阶段理论，揭示了工业化过程中的重工业化规律，开创了产业内结构变迁研究的先河。霍夫曼将近20个国家的数据列出，分析制造业中消费资料工业与生产资料工业之间的比例关系随工业化的进程所发生的变化，建立了霍夫曼比例说，即消费资料工业的净产值与生产资料工业的净产值的比值。按照霍夫曼比例，一国工业化的进程可以划分为四个阶段：霍夫曼比例 = 5（±1），霍夫曼比例 = 2.5（±1），霍夫曼比例 = 1（±1），霍夫曼比例 < 1。一国工业化的进程越高，霍夫曼比例越低[①]。这就意味着，霍夫曼比例降低的过程就是工业结构的演化：劳动力集约型—资本集约型—技术集约型的依次转化。这一转化过程实质是产业自身转型升级的过程，转型的结果是带动工业结构向高加工度化、高附加值化、技术集约化以及工业结构软化的方向转变。

（2）结构调整理论

结构调整理论中影响较大的是刘易斯的二元结构转变理论、赫希曼的不平衡增长理论、罗斯托的主导部门理论和筱原三代平的两基准理论。

刘易斯的二元结构转变理论认为，农业边际劳动生产率为零或

---

① 孙新雷：《产业结构演进理论思考》，《上海经济研究》1994年第7期。

接近于零；从农业部门转移出来的劳动力的工资水平由农业的人均产出水平决定；城市工业中利润的储蓄倾向高于农业收入中的储蓄倾向。赫希曼的不平衡增长理论则提出，发展中国家的资源是极为稀缺的，因此，它们若想全面发展所有的部门是不可能的，只能有选择地将资源投入到某些行业，以便能够达到将有限资源最大程度地发挥，实现促进经济增长的目的。赫希曼认为不平衡增长途径有两种：一是"短缺的发展"，二是"过剩的发展"①。罗斯托的主导部门理论认为，经济成长阶段可以分为五个阶段，依据技术标准分别划分为传统社会、为起飞创造前提、起飞、成熟高额群众消费、追求生活质量这 5 个阶段②，每个阶段的演进特征都是主导产业部门的更替。经济成长的各个阶段都存在起主导作用的产业部门，主导部门通过回顾、前瞻、旁侧三种影响带动其他部门发展，主导部门序列不可任意变更，任何国家都要经历由低级向高级的发展过程③。筱原三代平的两基准理论是指收入弹性基准和生产率上升基准，收入弹性基准要求把积累投向收入弹性大的行业或部门；生产率上升基准要求把积累投向生产率上升最快的行业或部门。

2. 产业组织理论

产业组织是同一产业内企业间的组织或市场关系。产业组织理论主要研究产业内企业间关系，特别是企业间的交易关系、行为关系、资源占有关系和利益关系，通过分析不同市场结构下的企业行为来解决问题。④

（1）哈佛学派的产业组织理论

最初以美国哈佛大学为中心主办形成了产业组织理论体系。

---

① 魏后凯：《区域经济发展的新格局》，云南人民出版社 1995 年版，第 23—25 页。
② ［美］罗斯托：《从起飞进入持续增长的经济学》，贺力平等译，四川人民出版社 1988 年版，第 76—78 页。
③ 郭克莎：《我国产业结构变动趋势及政策研究》，《管理世界》1999 年第 5 期。
④ 苏东水：《产业经济学》，高等教育出版社 2006 年版，第 59—70 页。

1959 年贝恩的《产业组织》一书的出版标志着产业组织理论的诞生。结构—行为—绩效（Structure – Conduct – Performance, SCP）分析范式一直是产业组织理论研究的核心。在这里，结构、行为、绩效之间存在着因果关系，即市场结构决定企业在市场中的行为，而企业行为又决定市场运行的经济绩效。同时市场行为和市场绩效也能反过来影响市场结构。这个 SCP 分析框架所依据的微观经济学理论，是将完全竞争和垄断作为两级，将现实的市场置于中间进行分析的新古典学派的价格理论。贝恩主要研究的两个层面是市场集中和进入壁垒，他提出产业内卖者的集中对市场集中影响较大，而该产业的市场规模和规模经济的关系则决定了卖者集中程度的高低，是一个最基本的决定因素。

和其他学派相比，哈佛学派一个重要特征是突出市场结构，尤其是强调寡占型市场结构会造成寡占市场行为的产生，从而导致市场绩效低下，特别是资源配置的效率低下。对于创建产业组织理论而言，哈佛学派做出了很大的贡献，尤其是贝恩教授提出的 SCP 分析框架，使哈佛学派成为产业组织理论的正统学派。由于哈佛学派将市场结构作为产业组织理论的分析重点，因此信奉哈佛学派理论的人也通常被称为"结构主义者"。

（2）芝加哥学派的产业组织理论

产业组织理论的芝加哥学派是 20 世纪 60 年代后期在对哈佛学派的批判中崛起的，其代表人物是施蒂格勒、布罗曾等。

1968 年施蒂格勒的《产业组织》一书问世，标志着芝加哥学派在理论上的成熟。以施蒂格勒为代表的芝加哥学派认为，即使市场中存在着某些垄断势力或不完全竞争，只要不存在政府的进入规制，长期的竞争均衡状态在现实中也是能够成立的。芝加哥学派还认为即使市场是垄断或高集中寡占，只要市场绩效是良好的，政府规制就没有必要。以施蒂格勒为代表的芝加哥学派产业组织理论的基础，是彻底的经济自由主义思想①。他们坚信唯有自由企业制度和自由的市场竞争秩序，才是提高产业活动的效率性、保证消费者利益最大化的基本条件。芝加哥学派对产业组织问题研究的重点在于不以经验实证为主，而是以理论分析为主，认为产业组织理论是价格理论的逻辑扩展。相比较而言，从理论基础上来看，芝加哥学派更加信守新古典主义，强调标准的竞争理论自然是有效的，"完全竞争"模型对于产业组织问题而言具有足够的自解能力。②

（三）创新理论

在熊彼特提出"创新"这一概念之前，经济学家一般把技术进步看成是经济增长的外生因素。古典经济学认为决定经济增长的是资本、劳动和土地，新古典经济学则更强调资本和劳动。

1912 年熊彼特在其著作《经济发展理论》中，首次提出了创新（innovation）这一概念，提出以创新为核心的经济发展理论，创立了创新经济学，技术进步开始从外生变量过渡到内生变量进入经济学主流领域。"创新理论"通过分析新技术、新发明等创新在资本主义生产过程中的运动和应用，来说明和解释资本主义的本质特征以及产生、发展和趋于灭亡的过程，对西方经济学尤其是发展经济学产生深远的影响。技术创新理论、制度创新理论等都是在该创新理论的基础上提出和发展起来的。按照熊彼特的观点，所谓创新就是建立一种新的生产函数，把一种从来没有过的关于生产要素和生产条件的"新组合"引入生产体系。包含有五种情况：① 采用一种新的产品，② 采用一种新的生产方法，③ 开辟一处新市场，④ 开辟一项新的供给来源，⑤ 实现

---

① 参见苏东水《产业经济学》，高等教育出版社 2006 年版，第 66—69 页。

② 程玉春、夏志强：《西方产业组织理论的演进及启示》，《四川大学学报》（哲学社会科学版）2003 年第 1 期。

一种新的产业组织。① 其中①②属于技术创新，③④属于市场创新，⑤属于制度创新。

20世纪50年代以后，许多发达国家出现了经济的高速增长时期，这一黄金时期持续了近二十年，传统经济学理论中资本、劳动力等要素已经不能对这一现象进行解释。为了解释这一现象，西方学者对技术进步与经济增长关系产生了浓厚的兴趣，并随之开展了深入的研究，从而使创新理论获得了发展。从创新理论的发展历史来看，创新理论的研究学派可以分为新古典学派、新熊彼特学派、制度创新学派和国家创新系统学派等四个学派。

新古典学派的代表是索洛（R. Solow），索洛运用新古典生产函数原理来证明经济增长率的决定权在于资本和劳动的增长率、资本和劳动的产出弹性以及随时间变化的技术创新。他认为经济增长来源有两种：随着要素数量增加而产生的"增长效应"和随着要素技术水平提高而产生的"水平效应"的经济增长。由于新古典理论所采用的分析工具仍然是正统经济理论模型，未能充分考虑在经济发展中技术和制度的作用以及发挥作用的方式，因此并不能反映技术和创新处于时时变化的经济现实。

新熊彼特学派的代表人物有爱德温·曼斯菲尔德、莫尔顿·卡曼、南希·施瓦茨等，他们秉承熊彼特的传统，认为技术创新和技术进步在经济增长中起了主导作用。他们将技术创新当作一个相互作用的复杂过程，着重于揭示"黑箱"内部的运作机制，并在研究技术创新这个复杂过程的基础上提出了许多著名的技术创新模型。他们研究的主要问题在于新技术推广、技术创新与市场结构的关系、企业规模与技术创新的关系等。②

制度创新学派的代表人物是美国经济学家兰斯·戴维斯和道

---

① ［美］约瑟夫·熊彼特：《经济发展理论：对于利润、资本、信贷、利息和经济周期的考察》，何畏等译，商务印书馆1990年版，第73页。

② 叶明：《技术创新理论的由来与发展》，《软科学》1990年第3期。

格拉斯·诺斯等。戴维斯和诺斯在 1971 年出版的《制度变革与美国经济增长》一书中，提出了制度创新理论。他们提出"制度创新"这一概念是指经济的组织形式或经营管理方式的革新。他们把制度创新的全过程分为五个阶段：第一个阶段是指形成推动制度变迁的主要集团；第二个阶段是要提出有关制度变迁的主要方案；第三个阶段则需要根据制度变迁的原则对方案进行评估和选择；第四个阶段是指形成推动制度变迁的次要行动集团；第五个阶段则是需要两个集团共同努力去实现并推动制度变迁。[①]

国家创新系统学派的代表是英国学者克里斯托夫·弗里曼、美国学者理查德·纳尔逊等，该学派强调技术创新，认为技术创新既不单单是企业家的功劳，也不是企业的孤立行为，而是由国家创新系统去推动获得的[②]。国家创新系统是参与和影响创新资源的配置及其利用效率的行为主体、关系和运行机制的综合体系。国家创新系统学派认为，在这个系统中，企业和其他组织等创新主体都是通过国家制度的安排及其相互作用，才能推动知识和技术的创新、引进、扩散和应用，从而才能够推动国家的技术创新。

（四）服务经济理论

20 世纪以来，服务经济成为发达国家经济发展的重要标志之一，服务经济理论也成为国内外学术界研究的热门领域之一。

17、18 世纪是西方以农业为基础向工业社会过渡的时期，这一时期服务业在国民经济中的比例非常低，因此涉及服务业的理论也仅仅停留在服务是否具有生产性的讨论上。亚当·斯密认为只有工业和商业才是生产性行业。约翰·希克斯最早将人们直接生产的各

---

① 王洪：《西方创新理论的新发展》，《天津师范大学学报》（社会科学版）2002 年第 2 期。

② 李永波、朱方明：《企业技术创新理论研究的回顾与展望》，《西南民族学院学报》（社会科学版）2002 年第 3 期。

种服务（如歌唱家的歌声、舞蹈家的舞蹈等）纳入生产范畴，认为服务劳动者做了有用的工作，属于生产者，应当得到报酬。英国古典经济学家威廉·配第最早将服务视为一种专门职能及独立的经济部门存在，从此掀开了将"服务"作为独立范畴进行研究的新的篇章。19世纪资本主义经济日益成熟，西方经济学理论也不断地发展。19世纪70年代，英国的杰文斯提出了边际效用递减原理，奥地利的门格尔和法国的瓦尔拉也差不多在同一时间提出此原理。随着边际学派日益昌盛，马歇尔对以往的经济学进行系统的整合，在古典学派和边际学派的基础上创立了新学派。在这种状况下，人们对服务劳动的成果形式及运动规律有了新的认识，服务经济被纳入国民经济的总体中去考察。法国经济学家萨伊最早详细论证服务问题，他认为人们所给予物品的价值是由物品的用途而产生的，生产是创造效用而不是创造物质。萨伊把服务劳动成果统称为无形产品，这种主观效用价值论很大程度上影响了后世经济学界。1935年英国经济学家费希尔首次提出"第三产业"的概念，形成了三次产业的分类法。科林·克拉克则主张以"服务性产业"代替"第三产业"，克拉克还提出随着经济发展，劳动人口由农业转移到制造业，再由制造业转移到商业服务业，这即是著名的"克拉克定理"，为世界各国服务业的产业政策提供了经济理论依据。20世纪中期，西方资本主义国家迎来了黄金发展时期，工业的进步和国家管制政策的放松导致了服务业的飞速增长，服务经济成为国民经济的主要增长力量。美国经济学家维克多·福克斯发现社会对服务产品的需求增长很快，分工专业化衍生了专门为企业服务的组织，由此，福克斯创立了服务经济理论，开创了一门新兴学科。20世纪70年代，美国和英国等发达资本主义国家出现生产率普遍下降和经济"滞胀"现象，在这一经济背景下，西方服务经济理论得到不断深化。以新工业主义理论为代表的学者认为破解经济危机的秘诀在于服务生产制造业化，未来社会不是服务社会，而是以物质需求为增长的新的工业社会。另一种观点强调工业将趋向于"服务密集型"，任何产业都将逐步转化为服务化发展，即产业服务化。这两种争论从本质上来说仍然是古典经济学家关于服务的生产性与非生产性的问题之争，只不过放在了新的经济"滞胀"形势之下。

通过梳理已有的文献，笔者归纳出服务经济理论探讨的主要方面是服务业和经济增长的关系。服务业与经济增长的关系是现代服务经济研究中的核心问题。20世纪70年代之后，英美等资本主义发达国家都出现了经济"滞胀"现象，经济学家都在不断分析这种现象，其中最卓有成效的研究是鲍莫尔（Baumol，1967）提出的成本病模型。该模型提供了一个解释服务业膨胀与经济增长的研究框架，在该模型中，鲍莫尔作了4个假设：①经济体系中存在着进步部门和停滞部门，二者的生产率增长是不同的；②劳动是唯一的投入要素；③两个部门的工资水平相同；④名义工资率与平均生产率相同。在这一假设的基础上，成本病模型的主要结论是：①供给因素是就业变动的原因；②劳动要素是服务业中唯一重要的投入要素；③服务业的报酬水平远高于其劳动生产率；④"服务"价格相对于商品价格将持续上升；⑤经济的总体生产率水平将会下降。[①]

西方发达资本主义国家的国民经济中，服务业占有巨大的份额。对于服务业增长的理解，拜尔斯和林达尔（Beyers and Lindahl，1996）认为，服务经济的增长并没有造成服务业份额的增大。高份额的服务业只是工业生产组织方式的变化，是制度关系的变化而不是生产技术关系或需求的变化造成的，因此统计上会夸大服务业的增长速度。[②] 解决服务经济问题的关键是计量服务

---

① Baumol, William J., Macroeconomics of Unbalanced Growth: The Anatomy of Urban Crisis, in *American Economic Review*, 1967, 57（3）: 415–426.

② Beyers, W. B. and Lindahl, D. P., Explaining the Demand for Producer Services, in *Regional Science*, 1996, p. 75.

业的生产率和创新。鲍莫尔在成本病模型中提到了经济增长与经济停滞部门，可见，经济停滞部门可能会影响总生产率，以至于最终经济增长趋于消失。韦尔夫尔（2005）、艾金格（2001）、佩内德（Peneder，2003）、尼科尔等人（Nickell et al.，2004）详细地从理论和实证两个方面深入研究了结构改变和经济增长的关系，指出服务业份额的增大与生产率之间的负相关关系可能与特定服务总需求的增加有关，这类需求的增加会导致资源的重新分配，而这些行业的生产效率往往不高。① 创新是提高生产率水平的主要途径，斯皮尔坎普等人（Spielkamp, et al.，2000）提出，服务业是创新的桥梁，在使用服务的制造业中显得尤为明显。② 他指出，服务业的创新受到多种因素的影响，如信息的缺乏与不对称、缺乏国际竞争、服务行业准入门槛较低不利于其长期成长，等等。现代服务经济领域中离不开政府对经济发展的政策选择，学者们一般认为，为了促进服务业的发展，政府必须提供切实有效、准确的综合政策。西方经济学家一般认为，政府对于对服务业应该实行放松管制。他们认为政府规制对于服务业的影响非常大，不合适的限制方式会损害企业动力，限制服务部门的经济增长。

近年来，国内学者对服务经济理论的研究也比较多，国内唯一系统出版介绍服务创新的书籍是蔺雷和吴贵生编著的《服务创新》，在该书中，编者对服务创新研究方法和服务创新的四维度模型作了进一步阐释。③ 魏江分析了知识密集型服务创新活动的

---

① Peneder, M., Industrial Structure and Aggregate Growth, in *Structural Change and Economic Dynamics*, 2003, 14（2003）：427 - 448. Nickell, S., Redding, S. and Swaffield, J., The Uneven Pace of Deindustrialization in the OECD, paper produced for the Labour Markets and Globalisation, 2004.

② Czarnitzki, D. and Spielkamp, A., Business Services in Germany：Bridges for Innovation, in *ZEW Discussion Papers*, No. 0 - 52, 2000.

③ 蔺雷、吴贵生：《服务创新》，清华大学出版社 2003 年版，第 451 页。

一些基本特征，对知识密集型服务业的创新范式和制造业的创新范式作了对比，然后在此基础上提出了知识密集型服务业创新范式的基本特征。①

服务业相关经济理论，有罗斯托的经济增长的阶段理论、贝尔的三阶段理论、库兹涅茨模式、服务产业化理论、新工业主义理论等。经过梳理，笔者认为：

对本研究最有指导作用的是罗斯托的经济增长的阶段理论和库兹涅茨模式。

1. 经济增长阶段理论②

罗斯托是非均衡经济发展理论的代表人物之一，提出了经济发展的六个阶段理论，即："根据经济发展水平，任何社会都可以归入下面六种情况之一：传统社会、起飞前准备阶段、起飞阶段、趋向成熟阶段、大众高消费阶段而后超越大众消费阶段。"在这六个阶段中，服务与服务产业的发展及其重要性，由低到高递进。①在传统农业社会，社会生产力主要依靠农业，服务产业处于萌芽阶段；②当社会逐步趋向商业化时，大量的农业劳动力开始向工业、交通、贸易和服务业转移，服务业得到发展，这样一个转型时期是起飞准备阶段；③当传统产业步入现代化进程，工业经济已经实现，生活服务化的价值结构已经形成，服务业发展进入一个全新的阶段，此时是起飞阶段；④趋向成熟阶段，经济持续进步，现代科技被应用于各种经济活动，服务业也得到飞速发展，超过农业和工业，成为三次产业的主体，占国民经济的主导地位；⑤大众高消费阶段，高科技渗透至各个行业，人均实际收入激增，公共设施和福利日益完善，社会产品进入大量消费阶段，社会进入了全面服务型社会，主要经济部门转型服务业和

---

① 魏江、沈璞：《知识密集型服务业创新范式初探》，《科研管理》2006 年第 1 期。
② 参见 W. Rostow, *The stave of Economic Growth*, Cambridge University Press, 1960。

耐用消费品业；⑥超越大众消费阶段，是指人类社会继起飞后的又一突破，不再以有形产品数量的多少来衡量社会成熟，而是以劳务形式的生活质量作为衡量标志。

2. 库兹涅茨模式①

美国著名经济学家西蒙·库兹涅茨认为现代社会经济持续增长带来了经济结构、生产结构和社会结构发生巨大变化。现代经济的增长过程中，服务业不断地吸纳从农业、工业中流出的劳动力，在这一过程中，服务业吸纳的劳动力最多。库兹涅茨研究的主要结论是：第一产业的国民收入和劳动力的相对比重均趋于减少。第二产业国民收入相对比重上升，劳动力比重大体不变。它反映工业化达到一定水平后，第二产业不大可能大量吸收劳动力。而第三产业也就是服务产业的劳动力相对比重，在所有国家都是呈现为上升趋势，但是国民收入的相对比重却并未与劳动力的相对比重的上升同步，综合起来看是大体不变或者略有上升。这一结论表明服务产业具有很强的吸纳劳动力的特征。

第三节　研究目标、研究方法及研究思路

一　研究目标

中国广告产业的转型正处于急速变化而尚未完成的进行状态中。在全球范围内，数字传播和整合营销传播的发展背景使得广告产业正经历深刻的变革。国家经济发展战略的宏观经济背景又使得中国广告产业转型极具特殊性，也更加复杂。随着中国广告产业转型的不断深入，路径、模式、业务等诸多问题开始集中显

---

① 参见［美］西蒙·库兹涅茨《现代经济增长》，经济科学出版社 1982 年版。

现，解决问题成为当务之急。本研究采用产业经济学的理论视角，以中国广告产业为研究对象，以数字传播和整合营销传播背景下的广告产业发展趋向的把握为逻辑起点，在国家经济发展战略这一中国特殊的宏观经济背景下，在充分检视中国广告产业的现实状态的基础之上，探讨中国广告产业的发展思路。本研究力图解决以下几个主要问题：

- 探索国家经济发展战略背景下中国广告产业的发展路径

将中国广告产业的发展置于中国经济社会建设与国家经济发展战略的宏观背景下展开研究，深入检视中国广告产业的发展现状与存在的主要问题，努力探寻广告产业的发展与中国经济社会建设的内在关联机制，准确定位广告产业的发展在中国经济社会建设中的地位和作用，进而在国家经济发展战略导引下，科学设计中国广告产业的发展模式与可行路径。

- 解读数字传播与整合营销传播背景下的广告公司业务转型

世界广告业在200多年的发展历程中，曾经历过两次重大转型。一次是由单纯的媒介代理走向媒介与客户的双重代理，一次是由媒介与客户的双重代理走向全面综合型服务代理。这两次重大的业务转型皆与当时市场环境与传播环境的变迁密切相关。现在，摆在我们面前的一个严重的现实问题是，现代广告业正遭遇新的市场环境与传播环境的两大挑战，这一挑战来自两个方面：一是数字与网络传播，二是整合营销传播。这两个重大背景将推动现代广告业从服务内容到服务模式的整体变迁，实现第三次业务转型。这不仅是中国广告业独自面临的，也是世界广告业共同面临的严重问题。在本研究中，将解读在数字传播与整合营销传播这两个重大背景下如何实现广告公司的业务转型。

- 解读数字传播与整合营销背景下的广告产业形态转型

广告是一个不断变化的动态发展过程，广告生存形态也伴随着社会营销环境和传播环境的变化而不断变化。广告业发展面临的一个重大问题是：采用何种方式生存。数字传播及整合营销传播两个重大背景都已使广告的生存环境发生了诸多变化，因此，本研究要解读在数字技术与整合营销传播的影响下，广告业的产业形态如何发生变化，重新设定广告业的未来生存形态。

二　研究方法

本研究主要集中于对中国广告产业的发展现状与特征的描述性研究和对中国广告产业发展路径与重新定位的探索性研究，主要采用以下研究方法：

（一）规范研究法

本书运用产业经济学和创新理论等相关理论作为理论基础，对中国广告产业转型的相关问题进行研究，并运用相关理论提出假设，通过对大量事实的总结与归纳，依据逻辑的推理，从而得出结论。

（二）文献研究法

本书的研究注重对 1979 年中国广告市场转型以来的相关文献及研究成果的收集与整理。这些资料主要包括国内外相关学者对中国广告产业的研究，还包括中国广告业相关的数据与政策文件等。

（三）案例分析法

广告公司是广告业产业结构中极为重要的一环，对中国广告产业三十多年来的贡献也非常大。广告业界的精英也探索出很多成功的经营模式，提供给广告业界学习，供学界研究。本书秉承理论与实践相结合的基本思路，力图从广告主体成功的经营案例中发现规律。

（四）比较分析法

广告产业转型是世界各国广告业都曾面临或正在面临的重大问题，但不同国家的产业发展基础和产业实力各有不同，其转型所面对的障碍也存在差异。因此，对中国广告产业转型的研究需要采用横向对比分析，兼顾共性与特异性，从中找出适合中国广告产业的发展思路。

三　研究思路及框架

本书的研究思路：

鉴于广告产业转型是实践性非常强的议题，本书必须秉承理论与实践相结合的基本思路。因此，本书借鉴了产业经济学中产业结构演变与调整、产业组织调整等理论框架，透视中国广告产业转型的核心内涵是发展方式转型、业务转型以及产业形态转型。由于产业创新推动了产业转型的过程，因此，本书借鉴创新理论为广告产业转型提供方式上的可能性。

首先，本书提出了如今中国广告产业面临的三个重大背景——国家经济发展战略、数字传播及整合营销传播，全面地解读了三大背景的主要含义，并概述其对广告业所产生的影响。其次，在国家经济发展战略这一重大经济背景下，中国广告业的发展方式面临着转型，通过对发达国家广告业发展现状的审视，为中国广告业发展方式和发展路径提供重要参照，从而找出适合中国广告业的发展方式。再次，广告是一个动态发展过程，数字传播和整合营销传播都会对广告的生存环境产生诸多影响，本书深入剖析这两大背景对广告产业形态转型的影响，设定未来的广告产业形态。最后，世界广告业经过两次业务转型后，各个国家均面临着第三次业务转型，本书对数字传播和整合营销传播背景下的广告公司业务转型做了深入分析。

本书的框架及基本内容如下：

第一章是导论部分。本章主要阐述本书选题的背景及意义，系统梳理和简要评述国内外关于广告产业转型的研究成果及相关的理论资源综述，同时说明本书研究的研究方法、研究假设及本书的研究目标、思路及框架。

第二章转型：中国广告产业发展的必然选择。本章重点讨论中国广告产业转型面临的三个重大挑战，这是本书立论的基础，在这三个方面的挑战下，中国广告业不可避免地出现诸多问题，转型成为其必然选择。第一节是国家经济发展战略：广告产业转型的宏观经济背景，重点阐述的是转变经济发展方式、加快发展现代服务业及发展文化创意产业三个方面的经济战略；第二节重点研究的是数字与网络传播这一重大背景，数字技术作为新的传播话语，挑战传统广告形式，催生新媒体平台，成为广告产业转型的新媒体环境；第三节讨论整合营销传播这一全球背景下，广告业的未来发展趋势有两种选择。

第三章中国广告业发展方式的转型。本章首先阐述了发达国家的广告业发展现状，指出发达国家广告业产业定位自 20 世纪 60 年代以来已转变为文化产业、创意产业。接着指出中国广告业粗放式经营与低集中度的现状，由信息密集产业沦为劳动密集型产业。通过和发达国家的对比及对中国广告业发展方式的检讨，提出中国广告产业转型的两大选择，从一般服务业到文化创意产业，实现集约化经营与规模化发展。

第四章重点检视中国广告产业的发展路径。根据产业集群理论，本书认为建立产业集群，实现高度专业化，对于提升中国广告产业整体规模和市场绩效，具有重大价值和意义，集群化是中国广告产业结构的基本取向；随着全球广告业集中化趋势的加深，中国广告产业须由广告产业集群走向广告产业集中，顺应国家转变经济发展方式的整体战略要求，由集群化走向规模化发展。

第五章广告产业形态的转型。本章将在数字传播和整合营销传播背景下探讨广告产业形态的转型。由于广告产业边界日益模糊，催生了大量新的市场领域，本书认为，在广告高度专业化发展的基础上，以广告为工具实现对营销传播的整合，并顺应数字传播背景下媒介融合的趋向，建立大广告产业的概念，实现广告产业业务重心的转移，进而在此基础上实现广告产业链的重构和广告公司组织结构的重建。

第六章广告公司业务转型。本章首先阐述世界广告业的两次重大业务转型，然后探讨广告业正在面对的第三次业务转型。在数字传播与整合营销传播的背景下，广告公司的服务内容与业务运作，将进一步从专业代理服务走向综合信息服务，从营销传播的执行末端走向战略高端，并实现代理业务的全媒体的平台化、资讯化以及整合化运作。

第二章

转型：中国广告产业发展的必然选择

广告业是一个动态的发展过程，世界广告史上已经发生过两次重大转型，均与其当时的市场与传播环境的变迁密切相关。由于市场环境与传播环境始终处于不断的发展变迁之中，可以预料的是，现代广告业正面临着第三次转型。摆在我们面前的一个严重的现实问题是，中国广告业的转型正遭遇着新的市场环境与传播环境的挑战。这一挑战主要来自三个方面：一是国家经济发展战略，二是数字与网络传播，三是整合营销传播。这三个方面的挑战，将推动中国广告业的第三次重大转型。这三个重大背景对中国广告业造成了巨大的冲击，国家经济发展战略促使广告业必须进行结构优化，走规模化发展之路，数字与网络传播促进广告形态不断演进，整合营销传播则给广告业提供了两种选择。但是，中国广告业的发展存在诸多问题，并不符合国家经济发展规律以及新的市场环境与传播环境的要求，因此，面对来自这三个重大背景的挑战，转型成为中国广告产业发展的必然选择。

第一节　国家经济发展战略:广告产业转型的
宏观经济背景

　　如今全球经济正处于后危机时代,金融海啸将逐步消退,全球经济格局会面临着新的调整,中国经济发展也将面临转型。自党的十七大开始,国家颁布的一系列国家经济发展战略中,有三项内容对中国广告业而言尤为重要:转变经济发展方式、加快发展现代服务业和大力发展文化创意产业。作为和经济联系最为紧密的产业之一,这三项内容成为中国广告业转型面临的重大经济背景。在这三个方面的宏观经济背景下,中国广告业的发展并未符合国家发展规律,遭遇到诸多问题,因此,转型成为不可避免之选择。

一　从转变经济增长方式到转变经济发展方式

　　党的十七大提出"实现未来经济发展目标,关键要在加快转变经济发展方式、完善社会主义市场经济体制方面取得重大进展",可见转变经济增长方式已成为时代的命题,国民经济在关注 GDP 增速的同时,开始更加关注 GDP 的构成和质量。

　　古典经济学时期研究的重点是经济增长。在 20 世纪 50 年代以前,经济理论研究一般来说,是把经济发展和经济增长等同于同一个概念,后来出于研究需要,经济学家又开始将二者区分开来。发达国家经济学的研究将经济增长这一概念解释为产出的增加,而发展中国家经济学的研究则认为经济增长是指结构的改变。伴随着经济增长成为全球性现象,经济发展开始成为世界各国面临的共同问题时,人们逐渐认识到这二者根本无法割裂开来。

经济增长是指一个国家或地区的商品生产量和劳务量的提高,一般来说,它采用 GDP 总量、GDP 增长率和人均 GDP 来衡量。经济增长方式是指通过生产要素投入的变化来实现经济增长的方式,其中,生产要素的变化主要指生产要素数量增加、质量改善和组合优化。按照要素投入方式来划分,经济增长方式可以划分为两种:一种是通过增加生产要素占用和消耗来实现经济增长,即粗放型增长方式;一种是通过提高生产要素质量、优化生产要素配置和提高利用效率来实现经济增长,即集约型增长方式。因此,转变经济增长方式就意味着从粗放型经济增长方式转变为集约型经济增长方式。①

我国提出转变经济增长方式这一方针由来已久。1982 年党的十二大提出,把全部经济工作转到以提高经济效益为中心的轨道上来,这是党中央提出转变增长方式的开始;1987 年党的十三大提出从粗放经营为主逐步转到集约经营为主的轨道;1995 年党中央提出"九五"计划建议,强调了积极推进粗放型经济增长方式的转变;2005 年,中央提出"十一五"规划建议,进一步提出了加快转变增长方式,并且写进了 2007 年党的十七大报告;2013年,"十二五"规划建议明确提出了"以科学发展为主题""以加快转变经济发展方式为主线",并提出了加快转变经济发展方式的"五个坚持"的基本要求。但是,我们可以看到,党的十二大到十八大,我国经济增长方式依然粗放,主要依靠投资拉动经济增长。

转变经济增长方式是指由依靠投资、出口拉动向依靠消费、投资、出口协调拉动转变。多年来转变经济增长方式没有实质性进展的原因在于国内需求结构不平衡,产业结构不合理,自主创

① 周叔莲、刘戒骄:《从转变经济增长方式到转变经济发展方式》,《光明日报》2007 年 12 月 25 日。

新能力不强以及体制机制不健全。经济全球化背景下,发达国家选择在发展中国家投资加工,中国作为最大的发展中国家不可避免地成为"世界加工工厂"。这就带来投资和出口的快速增长,而投资、出口的快速增长又必然带动高能源、高消耗的投资品生产相关产业的投资扩张。加上我国自主创新能力不强,出口的快速增长主要依靠低附加值、高消耗、高污染的生产方式来实现,支撑了现阶段粗放经济增长方式机制。由此造成的资源耗竭、环境污染、生态恶化成为国家工业化发展和现代化发展的严重制约因素,消费、投资、出口三者在拉动经济增长中的作用不够协调,分配不合理和收入差距过大的问题亟待解决。在此背景下,中央提出了转变经济发展方式。

党的十八大报告提出:"要适应国内外经济形势新变化,加快形成新的经济发展方式,把推动发展的立足点转到提高质量和效益上来,着力激发各类市场主体发展新活力,着力增强创新驱动发展新动力,着力构建现代产业发展新体系,着力培育开放型经济发展新优势,使经济发展更多依靠内需特别是消费需求拉动,更多依靠现代服务业和战略性新兴产业带动,更多依靠科技进步、劳动者素质提高、管理创新驱动,更多依靠节约资源和循环经济推动,更多依靠城乡区域发展协调互动,不断增强长期发展后劲。"经济发展的内涵比经济增长更广泛、深刻,它强调经济系统由小到大、由简单到复杂、由低级到高级的变化,是一个量变和质变相统一的概念,不仅包含生产要素投入变化,而且包括发展的动力、结构、质量、效率、就业、分配、消费、生态和环境等因素,涵盖生产力和生产关系、经济基础与上层建筑各个方面。经济发展包含经济增长,但经济增长不一定包含经济发展[①]。转变经济发展方式主要是

----

① 周叔莲、刘戒骄:《从转变经济增长方式到转变经济发展方式》,《光明日报》2007 年 12 月 25 日。

指以高能源消耗、高资源消耗、高污染为代价转向以低能源消耗、低资源消耗、低环境污染为前提。转变经济发展方式的最终目的，是推动国民经济又好又快发展，为进一步改善民生、促进社会和谐打下坚实的经济基础。

国家工商管理行政总局在促进经济发展方式加快转变的意见中针对广告业提出，要大力促进广告业转变发展方式，加大政策扶持力度，把广告业列入重点发展的产业，支持广告企业跨行业、跨地区、跨媒体和跨所有制进行资产重组，拓展广告产业新的增长点。

对于中国而言，转变经济发展方式会促使中国经济发展进入"结构优化"阶段。金融危机之后，中国传统的外向型经济发展模式受到极大冲击，如何扩大国内居民有效消费需求使得中国经济内部结构调整压力增大，成为中国持续发展的严重阻碍。可以预见，中国将在未来很长一段时间内处于经济结构渐进优化调整阶段。

二　加快发展现代服务业

服务业是指利用设备、工具、场所、信息或技能为社会提供服务业务的行业。现代服务业是伴随着信息技术和知识经济的发展产生，用现代化的新技术、新业态和新服务方式改造传统服务业，创造需求，引导消费，向社会提供高附加值、高层次、知识型的生产服务和生活服务的服务业。世贸组织将现代服务业分为九大类，即商业服务，电信服务，建筑及有关工程服务，教育服务，环境服务，金融服务，健康与社会服务，与旅游有关的服务，娱乐、文化与体育服务。1997 年 9 月中国共产党十五大报告中，首次提出要"加快发展现代服务业，提高第三产业在国民经济中的比重"，这一提法明确将现代服务业定位于第三产业。2006 年 3 月 16 日颁布的《中华人民共和国国民经济和社会发展第十一个五年规划纲要》明确提出加快发展现代服务业的方针，"坚持市场化、产业化、社会化方向，拓宽领域、扩大规模、优化结构、增强功能、规范市场，提高服务业的比重和水平"，从政策层面上规划了我国现代服务业的发展。同时，该纲要首次将广告业定位问题纳入国家级规划中，把广告业归入商务服务业之中，把"推动广告业发展"列入"加快发展服务业"的规划范围中。①

2007年3月19日国家发布了《国务院关于加快发展服务业的若干意见》，初步确定了我国服务业发展的总体方向和基本思路，未来的发展中要大力优化服务业发展结构，科学调整服务业发展布局，提高服务业对外开放水平，加快推进服务领域改革，加大政策扶持力度。2020年，我国经济基本实现经济结构向以服务经济为主的转变，服务业增加值占国内生产总值的比重超过50%。该文件将服务业分为"面向生产的服务业"和"面向民生的服务业"。面向生产的服务业包括广告会展、会计审计、工程咨询、认证认可、信用评估等商务服务业；面向民生的服务业包括教育、医疗卫生、新闻出版、邮政、电信、广播影视等服务事业，广告业在我国也是新闻出版、广播影视等事业的重要支撑部分，也应在面向民生的服务业中占有一席之地。②2013年，十八大报告中再次强调："推进经济结构战略性调整。这是加快转变经济发展方式的主攻方向。必须以改善需求结构、优化产业结构、促进区域协调发展、推进城镇化为重点，着力解决制约经济持续健康发展的重大结构性问题。推动战略性新兴产业、先进制造业健康发展，加快传统产业转型升级，推动服务业特别是现代服务业发展壮大。"

服务经济理论中，罗斯托提出了经济发展的六个阶段，即根据经济发展水平，任何社会都可以归入下面六种情况之一：传统社

---

① 参见国务院《中华人民共和国国民经济和社会发展第十一个五年规划纲要》，2006年3月16日发布。

② 参见国务院《国务院关于加快发展服务业的若干意见》，2007年3月19日发布。

会、起飞前准备阶段、起飞阶段、趋向成熟阶段、大众高消费阶段、超越大众消费阶段。中国自从 1996 年开始扩张性财政政策，增加基础设施投入力度，扩大财政支出，通过提高人均工资促进消费来扩大内需，保持经济的持续增长，投资的重点也开始从劳动密集型产业转向了资本密集型产业。中国近年来 GDP 年平均增长率均在 7%—8%，2010 年的 GDP 增长率更是高达 10.3%。按照罗斯托对各个阶段的描绘，我们清晰地发现，中国目前正恰好处于起飞阶段和走向成熟阶段的中间过渡阶段。在这一阶段，现代服务业开始逐渐成为国民经济的主导，现代服务部门成为推动经济增长的主要力量。从 1990—2006 年的世界水平来看，现代服务业的产出增长对 GDP 的贡献超过 40%，远远大于其他产业和部门，其在 GDP 中的比重呈逐年上升趋势。其中，发达国家的比重超过一半，发展中国家也基本上能达到 30% 以上（见表 2 − 1）。

表 2 − 1　　　　　1990—2006 年服务业及各服务部门
产业增长在 GDP 中的比重　　　　　单位:%

区域	年份　　　　　在 GDP 中的占比	1990	1995	2000	2001	2002	2003	2004	2005	2006
世界	服务业产出增长	61.5	65.0	67.2	68.2	68.8	68.7	68.2	67.6	67.0
	批发、零售、餐饮、住宿	14.6	15.3	14.6	14.6	14.6	14.4	14.4	14.2	14.2
	运输、仓储和通信	6.8	7.0	7.0	7.0	7.0	7.0	7.0	6.9	7.0
	其他	40.1	42.7	45.6	46.6	47.2	47.3	46.8	46.5	45.8
发展中国家	服务业产出增长	49.7	51.8	52.6	53.6	53.2	52.5	51.6	51.1	50.7
	批发、零售、餐饮、住宿	13.9	13.9	13.7	13.8	13.7	13.6	13.4	12.8	12.9
	运输、仓储和通信	6.6	6.9	7.7	8.0	8.0	7.9	8.0	7.5	7.6
	其他	29.2	31.0	31.2	31.8	31.5	31.0	30.2	30.8	30.2
发达国家	服务业产出增长	65.5	68.5	71.3	72.4	73.2	73.2	73.0	73.1	72.9
	批发、零售、餐饮、住宿	15.2	15.6	14.7	14.8	14.7	14.5	14.5	14.5	14.5
	运输、仓储和通信	6.7	6.9	6.7	6.7	6.7	6.7	6.7	6.6	6.6
	其他	43.6	46.0	49.9	50.9	51.8	52.0	51.8	52.0	51.8

由此可见，加快发展现代服务业是我国经济在新时期面临的重要战略选择，是减少经济增长中资源损耗的迫切需要，也是提高产业竞争力、优化产业结构的有效途径。广告业作为现代服务业的重要组成部分，在加快发展现代服务业的背景下实现转型。

三　大力发展文化创意产业

全球文化创意产业每天创造的价值约为 220 亿美元，而我国目前的人均文化消费水平仅达到了发达国家的 1/4，以文化产业为代表的"新兴服务业"并未发挥出应有的作用。2009 年 9 月我国国务院常务会议审议通过《文化产业振兴规划》，这一规划的出台将推动未来文化产业成为中国的支柱型产业。作为我国第一部文化产业专项规划，《文化产业振兴规划》提出的政策措施和保障条件非常具体，它的通过标志着发展文化产业已经上升到国家战略层面，从国家层面确认了文化产业在我国经济系统中的重要位置。规划明确指出广告产业与文化创意、影视制作、出版发行、印刷复制、演艺娱乐、文化会展、数字内容和动漫等并列为国家重点文化产业，广告被列入了第一梯队的重点文化产业。

从 2008 年开始，为了应对国际金融危机，我国出台了十大产业振兴规划，不含文化产业振兴规划。钢铁、汽车、纺织等首轮启动的十大规划都是支柱性产业，在随后面临着房地产和新能源等产业的竞争中，还处于战略机遇期的文化产业突出重围，成为第十一个振兴规划。除为了应对国际金融危机，我们认为文化产业振兴规划的提出是国民经济产业结构调整的需要。这一规划的发布标志着文化产业从一个战略性产业提升到国家战略的层面，具有重大而深远的意义。

● 文化产业壁垒将逐步消失

在计划经济体制下,我国文化领域的现实状况是各地方、各部门、各行业各自为政,将文化资源条块分割,文化领域存在着地方壁垒、部门壁垒、行业壁垒等多重障碍,这些障碍严重影响阻碍了文化产业的发展壮大。《文化产业振兴规划》提出"文化创意、出版发行、广告、文化会展等产业得到较大发展,以资本为纽带推进文化企业兼并重组,力争形成一批跨地区跨行业经营、有较强市场竞争力、产值超百亿元的骨干文化企业和企业集团"①。从现实情况来看,全球金融危机的影响使得大量资本集聚于文化产业,由于文化产业具有科技含量高、资源消耗少、无污染等特点,充分迎合了国家产业结构调整的要求,因此,随着产业壁垒的打破并消失,中国文化产业已经到了出现本土文化产业航母的时候了。

● 文化消费将成为新的消费热点

转变经济发展方式强调扩大内需,内需除物质层面的内需外,还有文化层面的内需。美国 20 世纪 30 年代开始的经济大萧条促使了好莱坞的崛起,美国如今的文化产品出口早已成为第一大出口产品;20 世纪 90 年代的亚洲金融危机推动了日本文化产业的发展,日本动漫产业在其国内生产总值的比例中也位居前茅。大力发展文化创意产业,能够促使中国的制造业在金融危机中升级创新,逐步从"中国制造"走向"中国创造"。大力发展文化创意产业,不断创新产品和服务,提高国民的文化消费意识,扩大文化层面的内需,培育新的消费热点。当前,我国人均年收入已达到 3000 美元,而人均文化消费水平仅达到了发达国家的四分之一,社会文化消费将大幅度提升,这对于文化产业中的支柱产业——广告业而言,无疑是一个发展的大好契机,能够在

---

① 参见国务院《文化产业振兴规划》,2009 年 9 月 26 日发布。

文化创意产业的大潮中发挥重要的作用。

● 发展文化创意产业有助于调整国民经济产业结构

我国是一个制造业大国，而非制造业强国，缺乏核心技术、劳动密集型、低附加值是我国制造业发展的标签，更因大量消耗资源、污染严重、破坏生态平衡而引发一系列社会问题。为此，国家明确提出把科技进步和创新作为经济社会发展的首要推动力量，把提高自主创新能力作为提高国家竞争力的重要环节。文化创意产业具有知识密集型、高附加值、无污染等特点，对国家经济可持续发展和产业结构的调整具有不可低估的作用。

第二节　数字与网络传播：广告产业转型的新媒体环境

一　数字技术构建起崭新的传播话语形态

1946 年，伴随着世界第一台通用电子计算机的诞生，数字技术也随之应运而生。从 15 世纪中叶印刷术的发明开始，人类社会的传播技术经历了从印刷技术、电子技术到数字技术的变迁。数字技术是以二进制数字 "0" 和 "1" 为编码程序的一种技术，它借助一定的设备将各种信息转化为计算机能识别的二进制数字后进行运算、加工、存储、传播和还原。数字技术于 20 世纪 90 年代随着网络的普及而成熟，是 20 世纪末至今最具标志性的传播技术。

20 世纪 90 年代以来，随着计算机和互联网的普及，数字技术被广泛应用于政治、经济和文化等社会的各个领域，不仅改变了全球的经济面貌和社会面貌，也改变了全球的传播面貌。

一方面，传统大众媒介进入数字化发展进程，进行着向数字媒介的整体转型。比如报纸媒介领域，电脑、数码相机、数字录音笔、激光照排系统等成为报业新闻采集和印制的重要方式；在电视、广播等电子媒介领域，数字机顶盒、数字音频系统、虚拟演播室、数字播控系统、数字传输系统等极大地提高了节目制作与播出的效率与质量。另一方面，数字技术不断催生新的数字媒介诞生。最早、最典型的数字媒介形式是网络和手机。随着数字技术的发展，网络和手机成为更多新数字媒介诞生的平台。如：依托网络而形成的数字电视、网络电视、IPTV等媒介形态；依托手机而诞生的博客、微博、手机报纸、手机邮箱等媒介形态。通过手机，我们除了可以短信和电话外，还可以看手机电视、视频聊天、上网、拍照、微博、发邮件、GPS卫星定位等，这些原本需要多个媒介才能完成的活动，由于数字技术的出现只需一部手机就能实现。

数字技术本身具有其他传播技术无可比拟的优势，美国麻省理工学院媒介实验室主任尼古拉斯·尼葛洛庞蒂指出，原子与比特的差异就是数字时代与传统时代的区别，"比特，作为'信息的DNA'，正迅速取代原子而成为人类社会的基本要素。比特和原子遵循着完全不同的法则。比特没有重量，易于复制，可以以极快的速度传播。在它传播时，时空障碍完全消失。原子只能由有限的人使用，使用的人越多，其价值越低；比特可以由无限的人使用，使用的人越多，其价值越高"。[①] 由此可见，无论是语音、文本、数据，还是图像和活动影像，都可以转变为由0和1组成的数字信息。数字技术具有信息海量存储、海量传播、发布迅速、抓取简单等独特优势，数字技术已成为占据统治地位的核心传播技术。

数字技术具有如此多的优点，因此它自诞生起就获得了世界

---

① ［美］尼葛洛庞蒂：《数字化生存》，胡泳、范海燕译，海南出版社1997年版，译者前言，第3页。

范围内的广泛认可，成为一种新的传播话语。美国学者罗杰·菲德勒指出人类经历了三次媒介形态的重大变化，他说："口头语言和书写语言在人类传播系统中引发了两次巨大的变革或媒介形态变化。现在，从一种新式语言的最新发展引发的第三次媒介形态大变化，将再一次急剧地影响到传播和文明的演进。在过去的两个世纪里，工业时代和信息时代的技术已经联合为这种语言的发挥和扩散做出了贡献。而这种语言直到过去的二十年内才为大多数人们所知道。这种新式语言被称作为数字式语言。它是一种电脑和环球电信网络的通用语言。"① 而马克·波斯特则说："20世纪见证了种种传播系统的引入，它们使信息能够从一个地点到另一地点广泛传输，起初，它们通过对信息的电子化模拟征服时空，继而则通过数字化加以征服。"②

二　数字技术催生新媒体平台

数字技术是媒介传播技术的一次最重要的革命，数字传播背景下，它必将推动媒体生存形态向数字化演进。数字技术一方面推动着传统媒体的数字化转型，一方面催生了网络媒体、数字媒体等各式新媒体的兴起。

美国国防部于 1969 年组建的计算机网络——阿帕网（ARPA-NET）是互联网的雏形。随着数字技术的不断进步，互联网的影响力逐渐波及全世界，从军事部门扩散到社会、经济、政治、文化等各个层面。最早依托数字技术而诞生的新媒介——互联网亦随之发展壮大。互联网的兴起对传统大众媒介造成了极大的冲

---

① ［美］罗杰·菲德勒：《媒介形态变化——认识新媒介》，明安香译，华夏出版社2000 年版，第 20—21 页。
② ［美］马克·波斯特：《第二媒介时代》，范静哗译，南京大学出版社 2001 年版，第 2 页。

击,互联网不断增加的受众迅速分流了电视、报纸等传统大众媒体的受众,同时互联网逐年上涨的利润也分割了传统大众媒体的经营收入。2014 年 1 月,中国互联网络信息中心(CNNIC)在北京发布了《第 33 次中国互联网络发展状况统计报告》,报告显示,截至 2013 年 12 月,中国网民规模达 6.18 亿人,全年共计新增网民 5358 万人。互联网普及率为 45.8%,较 2012 年底提升 3.7 个百分点。中国手机网民规模达 5 亿人,较 2012 年底增加 8009 万人,网民中使用手机上网的人群占比提升至 81.0%。这预示着我国更多的经济活动将步入互联网时代。面对着新媒体的挑战,传统大众媒体必须找到合适的转型之路,否则将会生存困难坐以待毙。在数字技术和网络传播的指导下,传统大众媒体需要寻求数字化发展之路。接下来,我们将分别以电视和报纸大众媒体为例。

传统电视的数字化转型主要包括数字电视、IPTV 及手持电视等。数字电视是一个从节目采集、节目制作、节目传输一直到用户终端都以数字方式处理信号的端到端的系统,对该系统所有的信号传播都是通过由 0、1 数字串所构成的数字流来传播,其信号损失小,接收效果好。数字电视分为卫星数字电视、有线数字电视和地面数字电视,目前我国推行的是有线数字电视。IPTV(Internet Protocol Television)意即交互式网络电视,面对家庭用户提供多种交互式服务,是一种利用宽带有线电视网,集互联网、多媒体、通信等多种技术于一体的崭新技术。IPTV 最大的优势在于交互性和实时性,用户不仅可以观看高清直播电视节目,同时还可以点播 IPTV 提供的视频节目,更为特别的是用户可以暂停、回放以及定时录制各个频道的节目。手持电视则是利用中国移动多媒体广播(China Mobile Multimedia Broadcasting,CMMB)技术推出的便携式的移动的多媒体广播电视产品。中国移动多媒体广播手持电视已经形成了具有自主知识产权的技术标准体系,在国家政策的有力支持下,手持电视拥有完整健康的产业链,在新媒体中脱颖而出。

报纸媒体的数字化转型主要指报纸的网络化生存和手机报纸等。报纸的网络化生存是传统报纸媒体通过网络平台寻求数字化生存，从现在的发展状况来看，主要方式有三种：第一，报业自建网站发布其报纸的电子版，就是网络报纸；第二，报业在网络报纸的基础上建立综合服务性网站；第三，报业和网站合作，利用互联网的时空优势对报纸内容进行二次传播，如2008年7月湖北日报传媒集团和腾讯合作建设大楚网。

新媒体是一个相对的概念，是相对"旧"媒体而言的。相对于报纸，广播是新媒体；相对于广播，电视是新媒体；相对于电视，网络是新媒体。在任何一个阶段，新媒体都意味着对"旧"媒体的超越，代表着人类进入了一个新的传播阶段。数字技术与网络传播背景下，新媒体并不是传统大众媒体在数字技术平台上的简单延伸，而是依托数字技术实现对大众传播的超越。在这里，我们认为，网络媒体和手机媒体是数字技术背景下新媒体的典型代表。2010年，我国网民规模继续稳步增长，网民总数达到4.57亿人，互联网普及率攀升至34.3%，较2009年底提高5.4个百分点。全年新增网民7330万人，年增幅19.1%。截至2010年底，我国网民规模已占全球网民总数的23.2%，亚洲网民总数的55.4%。2010年初手机用户就已经达到了一个很高的规模，达到7.5亿户。① 网络媒体和手机媒体随着数字技术的发展，又成为更多新数字媒介诞生的平台。比如以网络媒体为平台形成的博客、微博、播客以及网络电视等成为网民使用率颇高的新媒体传播形式。手机媒体集便携性、即时性、互动性等多个优势于一身，形成了以手机媒体为平台的手机报、手机广播、手机电视等

---

① 数据来源：CNNIC发布《第27次中国互联网络发展状况统计报告》，中国互联网络信息中心，2011年1月19日。

极具个性化的新媒体传播形式。在 3G 技术的普及下，网络和手机两大媒体融合而成的手机上网传播形式成为我国互联网用户增长的新的增长点。手机上网不仅改变着消费者的生活方式，也对消费者的生活习惯和消费习惯产生了极大的影响。2010 年，我国手机网民规模继续扩大，达到 3.03 亿人，较 2009 年底增加了 6930 万人。手机网民在总体网民中的比例进一步提高，从 2009 年末的 60.8% 提升至 66.2%。2010 年，手机网民较传统互联网网民增幅更大，成为拉动中国总体网民规模攀升的主要动力。① 由此可见，数字技术对大众传播而言是一次历史性的突破，催生了网络和手机等多种新媒体平台，展现出巨大的发展潜力。对于广告而言，数字技术也必将不断推动广告生存形态向数字化的演进。

三　数字技术促进广告形态的发展演进

传统广告是相对数字技术背景下的新媒体广告而言的，主要指报纸、广播、电视、杂志四大传统媒体的广告。传统广告与新媒体广告最大的区别在于传统媒体具有单向性的特点，使得广告的"传""受"双方处于不平等位置，受众对广告的接受具有强迫性。具有如此大缺陷的传统广告正在面临传播数字化的挑战。

从世界广告史可以看出，每一次的传播技术的改变都会带来广告媒介形态的改变。文字未诞生以前，人们主要靠口头传播，原始广告的形态就是口头叫卖广告以及实物陈列广告等。公元前 3000—前 2000 年，古巴比伦最早有了楔形文字，由此诞生了文字广告，随后出现了灯笼广告、旗帜广告、招牌广告等。隋唐时发明了印刷术，印刷广告应运而生，北宋时济南刘家针铺的广告铜

----

① 数据来源：CNNIC 发布《第 27 次中国互联网络发展状况统计报告》，中国互联网络信息中心，2011 年 1 月 19 日。

板雕刻，是世界上最早的印刷广告实物。1450年，德国人古登堡发明了活字印刷术，使得印刷广告成为当时广告的主要形态。印刷技术的诞生，使广告形式开始多样化，报纸广告、杂志广告等纷纷成为主流广告形式。进入20世纪之后，科学技术的发展日新月异，电波技术随之诞生。电波技术促使了广播和电视媒介的兴起，也导致了广播广告和电视广告成为20世纪最盛行的广告媒介形态。可见，每一次传播技术的变革都会促使媒介形态发生演变，随之就会带来广告媒介形态的变迁。

数字技术是继印刷技术和电波技术之后，人类历史上第三次重大的传播技术革命。数字技术的出现，导致了大批新媒体的诞生，比如网络媒体、数字电视等。因为广告信息的传播是以媒介为载体，所以新媒体的出现也使得广告媒介必然发生变化，比如网络广告、手机广告、户外视频广告等，出现新的广告生存形态。数字技术之所以引起广告媒介形态发生变化，还有一个原因在于数字技术除对新媒体产生作用外，还对身处传媒生态圈内的人类思想、政治经济以及社会文化等均产生作用，整个传播生态圈内的变化又反过来对圈内的新媒体产生反作用，随后会诞生新的广告媒介形态。① 比如数字技术促使了网络媒体的诞生，网络成为人们生活中必不可少的交流和沟通工具，人们习惯于用网络看新闻、写邮件、打游戏、聊天等，于是这种变化造成了微博、博客等新的广告媒介形式的诞生。

（一）数字技术导致广告媒介形态的多种变化

• 数字技术导致广告媒介形态的多样化变迁

伴随着数字技术的发展，广告媒介形态十分丰富多样，从原来单一的传统大众媒体形态向多样化发展。我们认为，数字技术

---

① 参见黄迎新《数字技术背景下的广告生存形态变迁》，《东南传播》2009年第6期。

时代的多样化广告媒介大致可以分为以下三种形态。

第一，数字技术伴随着新媒体的崛起，给传统媒体带来了一定程度的冲击。但是，传统大众媒介并不会就此消失。罗杰·菲德勒说过：“当比较新的传媒形式出现时，比较旧的形式通常不会死亡——它们会继续演进和适应。”① 因此，我们可以肯定，电视、广播、杂志、报纸等既有的传统大众媒介不会死亡，仍然会继续存在。既然传统大众媒介依然存在，那么传统的大众媒介广告——电视广告、广播广告、报纸广告、杂志广告等——也将随之得以延续生存。

第二，数字技术还打破了传媒产业内部的界限，以往各自独立的电视、广播、杂志等传统大众媒介和网络、手机等新媒介开始融合，形成相互渗透、相互包容的媒介形态。这造成部分传统广告形式与部分新媒体融合渗透形成了新的广告媒介形态，同时，这也是传统大众广告生存的另一种方式，即传统广告形式以网络等新媒体为依托，实现自身的数字化转型与网络化生存。比如，旗帜广告是报纸和杂志的传统广告在网络中的延续，它的尺寸、符号以及创意思路都是脱胎于传统平面广告，通过超链接和网络动画效果等新媒体特点在互联网上大放异彩。旗帜广告既可以如同传统广告一般静态显示，也可以配有动画、漂移等传统广告无法具备的动态效果。还有基于户外视频平台而诞生的户外视频新媒介广告，如公交视频广告、楼宇视频广告等。不同的广告媒介形态能够互相融合，主要原因在于不同形态的媒介在技术上能够融合，比如以网络为代表的数字技术和以电视广播为代表的电波技术具有极高的兼容性，它们之间的技术融合使得传统广告在新媒体中得到了延续性生存。

---

① ［美］罗杰·菲德勒：《媒介形态变化——认识新媒介》，明安香译，华夏出版社2000年版，第19页。

第三，数字技术催生了大批新媒介的兴起，新媒介广告形式也随之蓬勃发展起来。数字技术是媒介传播技术的第三次重大进化，数字技术的不断发展促进了新媒介的不断发展变化，最后直接导致了新媒介广告形态的多样化。一般来说，最为典型的新媒介广告形态是网络广告、手机广告和数字电视广告。"从目前的现状来看，网络广告、手机广告、数字化过程中的电视广告是当今广告传播技术数字化的代表。"① 除此之外，我们还要注意的是，还有大批多种多样以互联网为基础而诞生的网络新媒介广告形态，比如，搜索引擎广告、电子邮件、富媒体广告等，其实质是对互联网应用不断进行扩展而衍生出来的新形态。这些基于网络平台衍生的新媒介广告是网络广告分众化的体现，具备直接接触和深入了解分众用户的先天优势，拥有传统广告所不具备的发展潜能。

• 数字技术导致广告媒介形态向碎片化变迁

"碎片化"（fragmentation）最早是在 20 世纪 80 年代由后现代主义研究者提出，指的是后现代文学视野中真实的转化为各种影像：时间碎化为一系列永恒的当下片段。② 20 世纪 90 年代开始，"碎片化"由欧洲文学界扩展到社会学、广告学、传播学以及营销学等其他领域。1997 年，美国传播学者约瑟夫·塔洛说过："一种共识就很快取得影响，即因为美国社会比以往任何时候都更为支离破碎，广告主需要各种视听形态以吸引比以往更狭窄和更确定的受众。"③ 在我国，碎片化已经成为一个热门概念，其在社会经济中的表现主要是社会阶层碎片化、消费需求碎片化以及媒体的碎片化。媒体碎片化是指媒体不仅由大类细分为不同

① 舒咏平：《数字传播环境下广告观念的变革》，《新闻大学》2007 年第 1 期。
② ［英］迈克·费瑟斯通：《消费文化与后现代主义》，刘精明译，译林出版社 2005 年版，第 7 页。
③ ［美］约瑟夫·塔洛：《分割美国：广告与新媒介世界》，洪兵译，华夏出版社 2003 年版，第 33 页。

的小类，甚至还裂变为某一小类传播工具中的特定时间或空间单位。媒介的碎片化表现为传统大众媒介市场份额急剧收缩，话语权威性逐渐下降，同时，新媒介逐渐崛起，越来越多的传播管道、大量堆积的海量信息以及多元化的表达方式构建了新的传播语境。

当社会阶层碎片化催生了消费者所属阶层碎片化之时，消费需求的碎片化导致大众传媒接触碎片化，伴随着数字技术的诞生，新媒介也一样呈现出碎片化趋势。在媒介的碎片化时代，生产者和消费者的界限开始逐渐模糊。碎片化时代以前，传播环境是可以人为控制的，报纸版面、电视频道、杂志版面、广播频率都是稀缺资源，控制和操作都掌握在生产者手中。如今，数字技术的出现打破了这一状况，传媒通路不仅不再稀缺，同时也变得难以控制和掌握，在现在平台式的传媒通路上，所有人都互相发生着传播。所以，在媒介高度碎片化的时代，广告媒介形态也同样开始呈现碎片化发展趋势。

Web1.0时代，互联网内容由少数编辑人员制定，网民只能单纯地读网页，其传播形式是单一的网页呈现，广告媒介形态相对单一，缺乏互动。随着数字技术的发展，Web2.0时代到来，网民可以参与互联网内容的生产和传播，每个人都是一个信息源，传播形式也开始多元化发展，博客、微博、搜索引擎、BBS等越来越细分，也越来越倾向于不可再分性。在媒介碎片化的背景下，有学者将这种广告媒介形态的碎片称为"广告载具"，即具体刊载广告作品的传播工具，往往是单一媒体中特定的空间与时段，也可能是在具体环境中新开发出来的广告传播工具。① 比如，博客中的广告位置、网络游戏中嵌入的奖品广告和

---

① 舒咏平：《碎片化趋势与"广告载具"的微观承接》，《现代传播》2007年第2期。

旗帜广告等。

(二) 数字技术导致广告传播形态的多种变化

数字技术日新月异的发展和数字新媒介的层出不穷，不仅使得广告媒介形态多样化和碎片化，也使得广告传播形态发生了多种变化。从世界广告史可以看出，每一次的传播技术的改变都会带来广告传播形态的改变。文字为诞生之前，广告传播形态主要是口头一对一的传播形态；文字诞生后，信息流动扩展到远距离交流；印刷技术和电波技术的诞生消除了时空障碍，使一对多的大众传播形态成为主流。在数字技术时代，广告传播形态会发生如下改变：

• 由大众传播向分众传播转化

印刷技术诞生后，媒体和社会发展的第一次进步就是从人际传播发展到大众传播，电波技术的出现更是推进了这一进步。数字技术的诞生，显然是媒体和社会发展的第二次进步，从大众传播向分众传播的转化。传统广告的传播形态即是以大众传播为主的传播形态，主要使用大众传播媒介将广告信息传播给受众，以一对多，希望传播的范围越广泛越好。在数字传播背景下，受众越来越细分化，受众的需求因性别、年龄、收入、居住、地点、职业、爱好、文化传统及需求层次的差异而呈现千差万别。广告传播形态的分众化发展可以促使广告信息传播到更加个性化的细分受众群体，能够达到更加精准的传播效果。比较而言，大众传播的特点是信息传递由一对多，体现的是集体的、社会的、国家的意志，分众传播的特点则是信息传递由多对多，体现的是尊重个体、承认差异。这种从求同到存异的变化正是技术进步的结果。

• 由单向传播向双向传播转化

传统大众传播媒介的传播方式是单向传播，由媒介充当把关人，受众只能被动接收广告信息。新兴的数字技术改变了这一状况，信息的双向传播是数字新媒介所独有的特点，它可以与受众进行交流互动，实现双向互动传播。传统大众传播模式是"推"模式，即发送者把信息推给接收者，而因特网模式是一种"拉"模式，即接收者只拉出他或她所需要的信息。[①] 在大众媒介时代，广告信息通过传统电视、广播等媒介传播到千家万户，受众只能被动接收却无法进行交流和沟通。数字电视则可以将以往的"收看"模式转变为"点播"模式，受众可以选择自己感兴趣的节目和信息。

- 由被动到达向主动搜索转变

在电波技术时代，受众对于信息没有选择权，除了自主选择哪一份报纸和哪一个频道外，只能被动接收大众媒介将广告信息与媒介产品捆绑销售的强制性收视。面对这种被动的充当信息接收终端的状况，使得受众对广告充满了厌恶感，想方设法地屏蔽掉广告，试图拒绝强制性广告信息。当数字技术来临的时候，信息主动权交回到了受众的手中，受众从被动接收大众媒介的广告信息变成主动搜索寻求自己需要的广告信息。另外，数字技术造成了越积越多的海量信息，被动"等"信息远远不能满足受众需求，于是受众开始主动寻找信息，力图在广告传播渠道和内容信息的控制中掌握主动权。

（三）专业数据库成为广告的未来生存形态

从前面对广告的媒介形态和传播形态的分析可以看出，数字传播时代广告会不断发生变化。在数字技术与网络传播背景下，广告的生存形态必然会发生变化，不会仅仅止于传统广告形式的

---

① 舒咏平：《碎片化趋势与"广告载具"的微观承接》，《现代传播》2007年第2期。

延续与创新。我们看到，数字技术使得广告成为一个资讯平台，既有广告主向消费者传播相关产品信息，也有消费者发布有关商品需求和出售的信息；广告的信息通道既有大众传播媒介，也有个人数字媒介；广告既有针对群体的信息传播活动，也有针对个人的信息传播活动。可见，数字技术为广告带来了许多新的机会，也促使广告发生了重大的变化。因此，我们认为，在数字传播背景下，广告可以重新界定为：通过各种传播渠道公开传播有关生产与消费、供应与需求的所有商务信息的信息传播活动。那么，既然所有的商务信息都是广告的范畴，广告的生存形态到底是什么样子呢？

　　媒介的生存形态会影响广告的生存形态，比如，电波技术未出现的时候，只有平面广告，当电波技术促使了电视和广播的诞生后，电视广告和广播广告业随之诞生。那么，数字技术导致数字媒介的多样化发展，也必然会影响广告生存形态的变化。现阶段，媒介生存处于多样化和碎片化的发展状态，多样化媒介会无限兼容广告的多样化发展。但是，在数字技术背景下，媒介未来的终极生存形态将会是专业数据库，付费点播将会成为受众获取数据库信息的主要方式。[①] 显然，付费点播这一形式会彻底排斥广告的进入。以数字电视为例，当数字电视完成整体转换后，媒体数据库正式形成，其内容销售将成为数字电视的主要收入来源。受众花钱收看电视节目，可以随意点播自己感兴趣的内容，自然会排斥广告的进入，广告的生存空间将会越来越小。随着传统媒体向数字媒体的转型越来越彻底，除极小部分以传统的方式继续存在外，在数字技术背景下，广告的生存形态只有两条路可供选择：一是在媒介数据库的强大排斥下销声匿迹，二是广告实

---

　　① 张金海、王润珏：《数字技术与网络传播背景下的广告生存形态》，《武汉大学学报》（人文科学版）2009 年第 4 期。

现专业数据库生存。

我们认为，第一条路是不可行的，从广告发展史来看，媒介的数次变革只是促使了广告形态的转型，却不会造成广告的消失。在媒介数据库的强大排斥下，广告依然不会消失，只会换一种生存形态而已，建立属于自己的数据库。专业数据库能够充分放大数字技术特征，成为一个专门存储和输出广告信息的数字资讯平台。与传统广告单向传播、被动到达的大众传播方式不同看，广告专业数据库可以实现全新的双向互动、主动搜索、供需结合的传播方式。在专业数据库中，消费者可以查询任何自己感兴趣的广告信息，也可以和其他购买者进行信息交流，还可以发布自己想要销售或购买的商品信息。可以说，在广告专业数据库中，每个人都可能同时担任买家和卖家，即商品信息发布者与接收者两个角色。广告专业数据库可以降低信息搜索成本，满足不同客户的个性化要求，满足消费者对商品完全信息的需求，还有助于建立消费者数据库，从而保证广告的精准性和有效性。

四 大数据挑战传统粗放型广告

2012 年 3 月，奥巴马政府宣布投资 2 亿美元拉动大数据相关产业发展，将"大数据战略"上升为国家战略，奥巴马政府甚至将大数据定义为"未来的新石油"。当时美国政府声明通过提高美国从大型复杂的数据集中提取知识和管理的能力，来加强整个国家的竞争力，这被认为是跟互联网同一个级别的时代。

大数据和传统数据有着天壤之别。传统数据是企业通过调研、营销和销售获得的数据。比如广告业过去常用的数据就是传统数据，其数据样本、调查手段、分析手段和应用目的在调研发生之前就有了非常详细而清楚的规定。因此数据是"结构化"的，其数据来源的可信度高。而大数据的收集、分析和应用的过程有很强的不确定性。互联网每天都产生大数据。这些数据几乎都是行为数据，包括搜索、浏览、交易和社交等。这些数据有真有假，所以反映一个网民的真实面貌具有不确定性。

大数据的三个重要特点分别是海量（Volume），多维度（Variety），实时（Velocity）。海量是指产生的数据量非常庞大，覆盖人数众多；多维度是指大数据具有浏览、搜索、购买等多种信息，不仅仅局限在一个维度内，使得用户画像更加丰满、更加清楚；实时则是大数据最与众不同的一个特点，从数据收集到广告应用在很短的时间内完成，少则只需100毫秒就可完成数据收集、过滤、分析、应用等整个过程，这种处理速度是传统数据无法比拟的。

大数据时代给很多产业带来了巨大的机遇及挑战。对于广告业而言，以大数据为基础的精准实时定向广告投放是未来发展的必然趋势。大数据引发的变革大幅度提高了整个广告行业的生产效率，对传统粗放型广告而言是巨大的挑战。

大数据最常见的应用模式是定向广告和实时竞拍。人群定向是指选定具有某些特征的人群，向他们传播广告内容，取得设定的效果。过去广告公司采用的定向是人为传统调研方式，耗时长、效率低。如今以大数据应用于广告投放，可以通过网民的搜索、痕迹等获得选定人群的触媒偏好数据，然后通过计算机完成数据采集和处理，时间大大缩短，增强了计划的时效性。实时竞价称为RTB，"Real Time Bidding"的缩写，是指在每个广告展示曝光的基础上进行实时竞价的一种新兴广告类型。和传统广告购买形式的差别在于，把按照广告位售卖的方式改变为受众人群售卖方式，在每一个广告展示曝光的基础上行进行竞价，每一个页面浏览量都会进行一次展现竞价，谁出价高，谁的广告就会被这个页面浏览看到。大数据帮助广告主用最经济划算的方式覆盖目标人群，帮助消费者看到和自己相关的广告。

通过追踪、记录、分析用户在网络上的行为，经过大数据的采集分析，精准营销几乎可以精确到个体的所有层面。我们要注意的是，大数据给我们带来了好处的同时也给我们带来了巨大挑战。大数据引发了海量数据爆发，使得大数据成为一门技术，广告公司需要借助技术手段来提升海量数据的覆盖能力和处理能力。再者，随着网络的普及，消费者越来越挑剔，其需求和偏好在不同地点、不同时刻和不同的人交流都会发生变化。如何满足当时当下受众的需求，如何更进一步提高广告效果，成为广告公司必须解决的一个问题。

对如今的大数据环境，广告公司及企业需要不断调整自己的观念和思路，将服务、技术与营销结合以顺应营销环境的新变化。对于国家和社会而言，当务之急是健全、普及网络广告法律体系，规范网络广告市场，维护消费者权益，从而开拓更大的消费者市场。

第三节　整合营销传播：广告产业转型的营销传播环境

一　整合营销传播：从概念到话语

整合营销传播（Integrated Marketing Communication，IMC）于20世纪80年代提出后，迅速成为广告学与营销学研究的一个热门领域。整合营销传播是一种营销传播策划的概念，承认对于各种传播手段——如广告、直接反应、促销、公共关系——的战略作用予以评价并加以融合以产生明确、连贯的最大限度传播影响。

早在20世纪初期还未出现整合营销传播时，广告与现代营销理论开始结合，广告基本上承担了所有营销传播的任务。到20世纪 70 年代，定位理论的提出，将营销传播从产品的出发点转换为从消费者出发。这一转变意味着营销传播从过去简单的线性推销，目的仅为卖出产品，转向面对市场主动发现需求并力图去满足。因此，单纯以广告进行营销传播的手段不能达到目的，需要与其他营销传播方式配合才能达成效果。在 20 世纪 80 年代中期，美国各大广告公司开始尝试这种新的方式。如奥美广告公司的"交响乐"计划，组合运用不同的营销传播工具，就像交响乐队中不同的乐器共同演奏出和谐乐章；扬·罗比凯公司的"全蛋"计划，除提供广告服务外，还提供诸如公关、促销、人员推广等各项营销业务，进而慢慢转化为"传播代理公司"；还有盛世广告的"广告公司巨无霸"计划等。这些都是将广告与公关、促销、宣传等其他营销传播方式共同运作，在实务领域获得了良好的效果，为整合营销传播的出台奠定了基础。随后，在 20 世纪 80 年代后期，一些广告公司中率先出现了名为"整合营销传播"的客户代理小组。该概念深得时任 4A'S（美国广告公司联合会）主席的 Keith Reinhard 和执行总监 John O. Toole 的青睐，他们希望在全美广告公司推行这一概念。1988 年，他们与西北大学麦迪尔新闻学院联手实施了第一个 IMC 研究项目，并于 1989 年提出了第一个整合营销传播定义，这标志着整合营销传播研究在美国的开始，意味着整合营销传播这一概念的正式提出。①

　　美国学者敏锐地将研究重心转向了研究整合营销传播。1990 年美国西北大学麦迪尔新闻学院开设了第一门整合营销传播硕士学位课，不久美国科罗拉多大学波尔得分校也开设了整合营销传播硕士学位课。随着研究的深入，美国出现了像唐·舒尔茨、汤姆·邓肯、约瑟夫·施吉、乔治·贝尔齐等整合营销

---

　　① 黄迎新：《理论建构与理论批评的互动——美国整合营销传播理论研究二十年综述》，《中国地质大学学报》（社会科学版）2010 年第 10 卷第 2 期。

传播研究专家,将整合营销传播理论逐步建构起来。到 20 世纪 90 年代后期,不仅美国各大高校的教材纷纷加入了整合营销传播的内容,美国广告、营销的实务界也接受了整合营销传播这一概念,"整合营销传播"已经成为美国营销、广告、公关领域的主流话语。

整合营销传播不仅风靡美国,也扩散到了全世界,成为风靡全球的流行话语。1999 年菲利普·J. 凯奇和唐·舒尔茨对美、英、澳、新、印度五国引进整合营销传播理论进行研究比较后得出结论:虽然五个国家整合营销传播发展成熟度不同,但都已经接受整合营销传播这一概念了。凯奇因此说:"这样仅仅是十年的时间,IMC 概念已经横扫整个星球,并成为一声号角,——不仅是营销和营销传播文献,而且成为营销的内在组成部分,甚至许多公司的传播战略。"①

整合营销传播突出特点是强调以消费者为重心,从消费者角度出发,企业需要针对消费者制作一套行之有效的传播策略。"营销"和"传播"在 IMC 中需要相互配合融为一体,阿伦斯曾设计一个倒金字塔模式来说明 IMC 中营销与传播逐步升级融合的过程(见图 2-1)。倒金字塔模型中的第一层,面对单一顾客,营销专家进行一对一传播;在第二层有了合适定位的市场时,营销专家可以从事初步的指导性传播;在倒金字塔的第三层,营销专家积累了一定经验,在细分市场上可以进行拓展性的专业传播;在倒金字塔的最高层,面对分类大市场,营销专家在某品牌或产品方面可以进行广泛传播。这个模型充分解释了营销与传播结合由低到高逐层递进的特征。

"整合"在整合营销传播中意指"协调,即整体之和大于局

---

① Kitchen, P. J., J. Brignell, T. Li, G. S. Jones, The Emergence of IMC; A Theoretical Perspective, *Jounral of Advertising Research*, 2004 (1).

部之和。协调各种传播活动的全面影响大于各自单独活动或时而彼此冲突的活动所产生的影响"。[①] 整合营销传播的手段众多，将广告、促销、直销、公关、事件营销等资源重组协调发展，以求产生最大效果的传播影响。

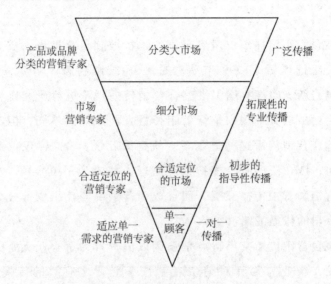

图2-1　营销与传播结合的倒金字塔模式[②]

二　整合营销传播背景下广告业的两种选择

整合营销传播的提出，标志着单纯依赖广告的营销时代已经结束，同时宣告了整合营销传播时代的到来。我们知道，整合营销传播已经成为学界和业界共同关注的全球性重要课题，同时，整合营销传播也是学界探讨相关问题不可回避的重大现实背景，比如本书要探讨的广告产业领域。

---

① 杨瑞龙:《应扬弃"股东至上主义"的逻辑》,《中国经济时报》1999年9月10日。
② William F. , *Arens & Courtland Bovee*; *Contemporary Advertising* (*Fifth Edition*), Ir-win, 1994, p. 493.

　　整合营销传播的手段众多，其中，广告是最重要的手段之一。长期以来，广告就在营销传播中担任重要角色。广告自诞生之日起，就被称为"印在纸上的推销术"，与商品销售紧密联系在一起，可以说，传统的营销传播理论就等同于广告理论。无论是 20 世纪初产品推销时期的广告理论模式，还是 20 世纪 60 年代以创意革命为代表的转型期理论，以及 20 世纪 70 年代之后营销与传播整合期的现代广告理论模式，究其实质，这些早期的广告理论都是从市场系统的上游和中心所生发出来的产品广告理论，其核心就是传达产品信息以及塑造产品形象。正如乔治·盖洛普所说"这就是为什么自二次大战以来，广告进步不多的原因，因为广告只针对产品本身，完全忽略可能购买的消费者。"① 整合营销传播的出现，将营销从以产品为中心转向以消费者为中心，这样使得最初以产品为中心的广告无法实现与消费者的双向互动与交流，广告不再独霸鳌头，必须与其他营销传播手段相配合才能达到效果，于是曾经风光一时的传统广告慢慢开始失去往日风采。

　　随着整合营销传播的兴起，越来越多的企业开始采用整合营销传播战略思想开展营销，这种背景下，广告该如何生存呢？我们认为，整合营销传播背景下，广告业有两种选择：一种选择是让广告消融在整合营销传播的系统之中，一种选择是以广告为工具来实现对营销传播的整合。

　　前一种选择，阿尔·里斯曾清晰地表达过赞同的这种悲观的论调。他认为当今的市场营销首先是要进行公共关系，只有通过公共关系才能使自己的品牌在消费者心中占有一席之地；市场营销始于公共关系，而广告则是公共关系的延续，因此是公共关系在打造品牌，广告则起到提醒消费者的作用。广告对产品销售和

---

① ［美］唐·E. 舒尔茨：《整合营销传播》，吴怡国等译，内蒙古人民出版社 1999 年版，第 12 页。

品牌建设的功效远不如以往，越来越多的费用开始转向终端促销，公关开始受到前所未有的重视，广告已死，公关永生。① 数字技术如今已成为主要传播方式，电脑和网络等新媒体也开始成为数字传播时代企业营销的重要载体。网络营销、电子商务、数据库营销等营销方式开始吞噬传统广告的利润，逐渐凸显其重要性。可以预料到的是，这些网络营销方式未来也必将成为整合营销传播中的重要组成要素。因此有人认为在以网络营销为主的整合营销传播时代，传统广告必将走向衰落直至消亡。②

我们是不赞同前一种选择的，营销传播的手段有多种，广告只是其中的一种营销方式而已，并没有孰轻孰重的比较，也不存在谁替代谁的问题。在不同的细分市场中有不同的营销目标，从而需要不同的营销手段来应对。广告作为一种独立的营销手段，有其不可替代的告知功能并通过持续传播对品牌建设产生长期效果，这是其他营销手段不可比拟的优势。因此，我们不能贸然断定广告会走向灭亡。但是，在整合营销传播背景下，传统广告必然会走向衰落。我们这里要注意的是，传统广告走向衰落却并不会灭亡，只要传统媒介还存在，传统广告也一定会随之存在，只是会面临着延续与创新的问题。随着数字技术和数字媒体的兴起，传统广告的生存形态会发生变化，广告将得到重新界定，最终走向数字化生存。

因此，我们认为后一种选择更具现实的可能，即以广告为工具整合营销传播，以广告产业来整合企业营销传播服务的相关领域。从整合营销传播的发展历史来看，广告代理公司是整合营销传播思想的最初的实践场所和诞生地，是理论的发源地，无论是

---

① 参见 ［美］ A. 里斯（Ries, A.）、L. 里斯（Ries, L.）《公关第一，广告第二》，罗汉、虞琦译，上海人民出版社 2004 年版。

② 程明、姜帆：《整合营销传播背景下广告产业形态的重构》，《武汉大学学报》（人文科学版）2009 年第 7 期。

实践经验还是理论积累都是最丰富的。而同时，广告自诞生起就在营销传播领域占据着主导地位，比其他营销传播手段发展得更为成熟，其他营销传播手段未能完全推广发展起来。所以，我们认为以广告为工具整合营销传播切实可行。现实情况是，我国传统广告代理公司正在逐步从单一的广告服务迈向广告、促销、公关等整合营销传播服务领域，正在逐渐向整合营销传播机构转型。但是，值得注意的是，这种转型却给广告产业带来了负面影响。传统广告代理公司的核心业务只有策划创意和媒介代理，现在却要将广告、促销、公关、事件行销等多种营销传播服务都装入囊中。业务范围的扩大对广告公司的人力、物力、财力等各个方面提出了更高的要求，我国中小广告公司只能心有余而力不足。这种"泛专业化"现象将导致广告公司失去核心竞争力，从而轻易被取代。

因此，在这种情况下，我们可以说广告是无法承担整合营销传播这一重任的。这就意味着，在整合营销传播的背景下，要想实现广告成功整合营销传播，广告产业形态的重构是一个迫在眉睫的问题。为实现这一目标，广告必须加强高度专业化发展，打造广告业的核心竞争力，在业务范围与产业组织的各个层面，实现广告产业形态的重构。

第三章

中国广告业发展方式的转型

国家经济发展战略对中国广告产业的转型产生了重要的影响，尤其对于中国广告业发展方式的转型而言。本章重点分析欧美发达国家广告业的发展现状，在此基础上，对中国广告产业现有的发展方式进行深度检讨，并提出中国广告产业转型的两大选择是从一般服务业到文化创意产业以及实现集约化经营和规模化发展。

第一节　发达国家广告业发展现状

一　从规模化发展到全球化扩张

随着工业革命在英国的开展及资本主义制度的确立，英国成为世界近代史上最发达的国家。商业的繁荣、科学技术的发展使英国成为世界近代广告发展的中心。18 世纪爆发的美国独立战争推翻了英国的殖民统治，也摧毁了英国对美国工业发展的种种限制。随着工业革命在北美登陆，蒸汽动力印刷机以及新造纸术、彩色套版印刷工艺等的产生，使批量印刷在 19 世纪中叶的美国成为有利可图的行业。同时，美国内战摧毁了奴隶制，为资本主义的发展扫清了道路。世界广告的重心从英国转移到了美国。

● 自由竞争状态下实现规模化发展

英国工业革命始于 18 世纪 60 年代，直接推动了 19 世纪 50至 60 年代英国工业的迅猛发展。工业革命促进了商业繁荣，殖民地的扩大使得棉纺织业获得巨大发展。1850—1870 年的二十年间，英国的棉纺织工厂由 1932 家增加到 2483 家，毛纺织工厂从1998 家增为 2579 家；毛纺织品出口额也增加到 1.5 倍。煤产量从 4980 万吨增加到 11200 万吨，生铁产量从 230 万吨增加到 600万吨，棉花消费量从 5.9 亿磅拉至 10.8 亿磅。1870 年钢产量达到 22 万吨。① 英国在工业领域取得了领先地位之后，开始积极推行自由贸易政策，逐步建立起了自由主义的经济体系，迅速扩张成为一个"日不落帝国"。随着自由经济的发展，英国广告业开始扩大规模，《泰晤士报》在 1800 年平均每天刊登 100 件广告，到了 1840 年增加到 400 件。18 世纪中期，英国及欧洲其他国家已经出现一批广告画家，在周刊报纸上不断出现插图广告。广告代理商也是 17 世纪在英国首先出现的。1729 年富兰克林在美国创办了《宾夕法尼亚时报》，并兼出版商、编辑、广告作家和广告经纪人于一身。在 19 世纪 50 年代之前，英国广告一直居世界首位。到了 19 世纪，由于美国的崛起，广告中心便逐步转移到了美国，广告也向现代广告转化。

19 世纪末期，美国工业化进程加速，美国经济呈现罕见的高速发展，垄断资本主义开始形成。商品的大批量生产导致了流通方式的变革，直接出售农产品和手工产品的现象开始减少，代之以直接和大企业集团挂钩的百货商店和零售店，美国全国大市场形成，报

---

① 数据来源：http://zhidao.baidu.com/question/145394254.html.

纸杂志成为主要媒介，专业广告公司开始兴起，广告业得到了快速发展。1867 年，美国广告费仅占国民生产总值的 0.7%，1904 年已经上升到 3.4%，广告费已从 5000 万美元增长到 1 亿美元。"一战"后，美国经济持续腾飞，工业管理水平急剧提高，消费能力旺盛，为广告业提供了良好的发展环境。在这种自由竞争状态下，美国广告公司数量不断增加，其服务功能不断完善，服务领域不断扩大，公司规模不断扩大，从 1919 年到 1929 年，美国广告费总额从 22 亿美元迅速飞升到 34 亿美元。急剧增加的广告投放和频繁的广告活动使美国广告代理业在经历了捐客、半服务到全面服务时代之后，逐渐走向成熟，实现规模化发展。

- 以集团化为标志的全球扩展

"二战"后，美国从大量战争消耗品生意中大发其财，由此进入了经济迅猛发展的时期。人们不再担心消费品过剩，而是担心消费品生产满足不了市场需求，美国真正意义上的买方市场正式形成。消费型经济使得参与市场竞争的企业主越来越多，运用报纸、杂志以及得到高度普及的广播电视等媒体进行广告宣传，由此带来专业从事广告代理的机构成倍增长，美国现代广告业和广告公司得到了高速发展。到 20 世纪 60 年代，美国一系列专业广告公司通过合并、收购等方式组建广告集团，成为当时世界上广告集团分布比例最大的国家，也最先进入综合服务时代。至此，美国广告产业在全球率先完成了以集团化为标志的产业升级。

美国广告产业升级造成市场集中度不断提高。1962 年，前十家广告公司经营额占广告公司总经营额的 38.2%，1966 年这一比例则上升到 41.7%（见表 3-1）。1966 年，智威汤逊广告公司、BBDO 广告公司、扬·罗必凯广告公司、李奥·贝纳广告公司等营业收入都在 1 亿美元以上，在当时全美和全世界都属于最大的广告公司。

表 3 - 1　　　　**美国广告公司 20 世纪 60 年代经营额**　单位：十亿美元

年份	广告经营额	广告公司经营额	前 20 家最大广告公司经营额	前 10 家最大广告公司经营额
1962	12.9	5.5	2.6	2.1
1963	13.6	6	2.7	2.2
1964	14.6	6.6	3	2.5
1965	15.6	6.4	3.1	2.6
1966	16.8	7.2	3.4	3

资料来源：Advertising Age。

二　从文化产业到创意产业

（一）作为国家战略的美国文化产业

● 美国鼓励发展文化产业

美国早在"二战"前夕就已经形成了对文化产业框架的初步构建；20 世纪 60 年代，美国文化产业开始进入了快速发展时期；80 年代开始，美国凭借经济、技术和文化等方面的绝对优势向世界其他发展中国家大量倾销文化产品；90 年代起，美国政府于 1993 年建立"经济分类政策委员会"，负责建立新的文化产业分类系统；1994 年 7 月，墨西哥与加拿大也参与这一工作而建立起北美产业分类系统（NAICS）以替代美国自 1940 年启用的标准工业分类系统。随着经济全球化的发展，各国文化产业壁垒不断被打破，美国文化产业开始作为国家战略向全球化推行，出现一批跨国文化产业集团。

美国政府虽然没有专门的管理文化事业的部门，但是会在鼓励文化产业发展的同时，通过立法对文化市场进行合理调控，以保证产业健康发展。为了扶持文化企业的扩张，加快媒体行业发展，提高文化产业的国际竞争力，适应经济全球化的新形势，美国政府逐步放宽对媒体的管制。1984 年，里根政府在减少政府管制、增强竞争活力的理念下，放松了对媒体所有权的限制，在传媒业里形成了所有权兼并和集中的浪潮；1996 年，克林顿政府签署了《联邦电信法》，大大放宽了对媒体所有权和跨媒体所有权的限制。

美国文化产业的发展，政府高度重视，一直是作为国家战略来推行。文化产品的输出不仅能获取商业利润，同时也可以通过文化产品来传承美国的生活方式和价值观念，美国政府一直通过制定法律法规，为文化产品的出口保驾护航，以实现其文化产业的全球化扩张目的。版权业作为美国文化产业的核心部分，美国政府从 1790 年颁布第一部《版权法》开始，先后出台了一系列重要的法律、法规，以加强知识产权保护。1980 年就颁布实施了《计算机软件保护法》，成为最早采用版权制度来保护软件知识产权的国家，1982 年通过了《反盗版和假冒修正法案》，1997 年颁布了《反电子盗版法》，1998 年颁布了《跨世纪数字版权法》等。这些法律、法规的颁布，目的只有一个，那就是加强对美国文化产业的保护，提高文化产业的竞争力。美国文化产业产值一般占 GDP 的 20% 左右，其版权产业 2003—2007 年占 GDP 比重一直在 11% 左右，这就意味着，文化产业在美国居于国家战略的核心位置（见表 3 - 2）。2005—2008 年，美国广告经营额占 GDP 比重也一直在 2% 以上（见表 3 - 3），从这些数据中我们可以看出，作为文化产业的美国广告业在国家战略中的核心地位。

表 3 - 2   2003—2007 美国版权产业总值及占 GDP 比重

单位：十亿美元、%

年份 项目	2003	2004	2005	2006	2007
版权产业总值	121190	130595	136873	145427	152511
美国 GDP	1096080	1168590	1242190	1317840	1387050
版权产业占 GDP 比重	11.06	11.18	11.02	11.04	11.00

资料来源：copyright industries in the U. S. economy 2003 - 2007。

表 3 - 3 美国 2005—2008 年 GDP、广告经营额及所占 GDP 比重

年份	GDP（亿美元）	广告经营额（亿美元）	广告经营额占 GDP 比重（%）
2005	124219	2765	2.23
2006	131784	2816	2.14
2007	138075	2839	2.06
2008	142646	2933	2.06

资料来源:《世界概况》；艾瑞咨询网,《2009 全球广告行业市场分析》。

- 文化资本输出和全球扩张战略

早期，美国文化产业的扩张，如广告公司的扩张可以由自己的收益提供资金，随着市场规模的扩大，兼并收购已不能仅仅依靠自己的收益去完成，通过上市融资等方式成为集团化发展的捷径。美国倡导自由主义经济政策，即顺应市场规则来行事，而美国自然能以其强势经济而在所谓的"自由竞争"中占据主导，为文化产业的扩张提供了经济基础和政策支持。

在这种自由主义经济支持下，美国的文化产业大多由跨国企业集团来运作，拥有强大的资本市场支撑，实现跨国资本的流动。如在好莱坞最具实力的电影制片厂之中，日本索尼公司是哥伦比亚三星的老板，澳大利亚的新闻集团则是福克斯的老板。在流行音乐产业部门，除了美国的 WEA 公司之外，还有日本的 Sony、荷兰的 Polygram、德国的 BMG、英国的 Thorn – EMI 公司等。[1] 广告业也一样，1986 年，英国伦敦的盛世广告公司与美国康普顿广告公司合并后收购了美国老牌广告公司贝茨，其营业额达到了 75 亿美元。同年，美国 DDB、BBDO、Needham Harpert 三家公司合并成立奥姆尼康广告集团，当年营业额达 50 亿美元。随后，奥姆尼康集团频繁进行并购交易，在全球拥有 30 个广告和市场营销培训机构，150 个战略品牌平台，1500 个独立的广告代理公司，企业员工超

---

[1] http://news.sina.com.cn/w/pl/2006 – 05 – 26/11209976910.shtml, 2006 年 5 月 26 日 11：20。

过 6 万人，为 100 多个国家的超过 5000 家客户提供广告、媒体战略规划和购买、公共关系和其他专业传播咨询服务。①

美国的文化产业在自由主义经济的支持下开始全球化战略，在国外进行文化资本输出和全球扩张。全球扩张作为美国文化产业发展的战略是符合其政府利益的。2000 年美国国家利益委员会发表了一份《美国国家利益》的报告，将美国国家利益分为四个等级，提出要在全球信息传播中保持领先地位，确保美国价值观继续积极地影响其他国家的文化，促进民主制度在全世界的发展。从中可以看出，美国政府将其海外文化利益提高到了国家战略的高度。显然，美国文化产业在进行全球扩张时，有两个目的：一个是获取经济利润，为文化产品寻找市场，另一个是文化输出，将美国的价值观和生活方式植入各国民众的头脑中，通过改造大众意识建立霸权。

美国广告业作为文化产业的一部分也不例外，当广告公司在本土有了足够的现金流量和发展实力时，就跟随客户的脚步到国外发展。奥姆尼康、IPG 等广告集团均在全球 100 多个国家和地区开展业务，奥姆尼康的近半数经营额都来自于海外市场（见图 3-1、图 3-2）。美国广告集团为适应客户整合营销传播服务的需要，积极开拓多元相关业务，各业务收入都相当高，尤其是媒介购买公司由于具有资本优势，在全球和美国本土广告市场都获得了业务增长。奥姆尼康集团旗下的媒介业务收入占集团总收入的6.7%（见图 3-3）。全球广告集团收入排行榜中有两家是美国的，世界前十家单体广告公司中也有八家属于美国（见表 3-4、表 3-5）。我们注意到，跨国公司广告集团在当地提供的不仅仅是专业的广告服务和商品信息，也隐含着广告输出国的价值观念和意识形态，最终对当地受众的意识结构产生了深刻影响。

① 参见张金海等《全球五大广告集团解析研究》，《现代广告》2005 年第 6 期。

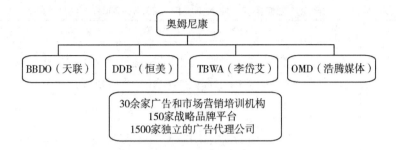

图 3 - 1 Omnicom 集团旗下的分支机构①

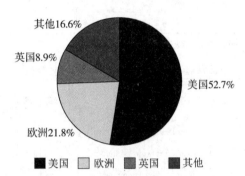

图 3 - 2 Omnicom 2009 年广告经营额主要地区市场分配

资料来源：Omnicom 2010 年财务报表。

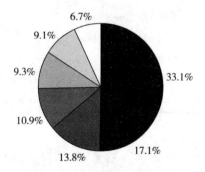

图 3 - 3 Omnicom 集团 2009 年美国业务收入种类

资料来源：Omnicom 2010 年财务报表。

---

① 参见张金海等《全球五大广告集团解析研究》，《现代广告》2005 年第 6 期。

表 3 - 4   全球广告集团营业收入排行榜（2008—2009 年）

排名			全球营业收入（百万美元）			全美营业收入（百万美元）		
2008 年	2009 年	广告集团	总部驻地	2008 年	2009 年	增幅（%）	2008 年	2009 年	增幅（%）
1	1	WPP	英国	13598.4	13598.2	0.0	4446.2	4440.4	- 0.1
2	2	Omincom Group	美国	13359.9	11720.7	- 12.3	6890.0	6178.4	- 10.3
4	3	Publics Group	法国	6900.0	6287.0	- 8.9	2748.6	2720.6	- 1.0
3	4	Interpublic Group of Cos.	美国	6962.7	6027.6	- 13.4	3786.3	3372.3	- 10.9
5	5	Dentus	日本	3295.9	3112.9	- 5.6	95.2	96.5	1.4

资料来源：Adertising Age，Agency Family Trees 2010。

表 3 - 5   世界前十广告公司（2008—2009 年）   单位：美元

排名		广告公司（母公司）	总部驻地	全球营业额	
2008 年	2009 年			2009 年	增幅（%）
1	1	Dentsu	日本	2334697	- 5.6
2	2	McCann Erickson Worldwide［Interpublic］	纽约	1419200	- 15.0
3	3	BBDO Worldwide［Omnicom］	纽约	1141200	- 17.2
4	4	DDB Worldwide［Omnicom］	纽约	1110000	- 9.4
5	5	JWT［WPP］	纽约	1065700	- 11.8
6	6	TBWA Worldwide［Omnicom］	纽约	1023097	- 10.3
8	7	Hakuhodo［Hakuhodo DY Holdings］	日本	956000	- 10.1
9	8	Y&R［WPP］	纽约	931800	- 10.1
7	9	Publicis［Publicis］	纽约/巴黎	892000	- 16.7
10	10	Leo Burnett Worldwide［Publicis］	芝加哥	777290	- 6

（二）英国：第一个提出"创意产业"的国家

英国是最早发生工业革命的国家，高度发达的制造业一方面带来了巨额财富，另一方面也引发了一系列问题。随着美国逐渐取代英国世界头号强国的位置，英国制造业出现了环境污染、竞争力衰退、出口份额萎缩等种种问题。为了扭转衰退局面，英国开始推行创意产业战略，实现从制造业到创意产业的战略转型。

英国政府从 1991 年开始重视创意产业的发展，1994 年布莱尔任工党主席后拉开了"新英国运动"的序幕。1997 年 5 月布莱尔出任英国首相后成立了创意产业工作小组，推动英国文化创意产业，提倡和鼓励原创力在经济中的贡献。

创意产业概念首先发端于英国。1997 年，托尼·布莱尔当选新首相后改组内阁，英国文化、媒体及体育部成立了"创意产业工作组"。根据这个特别工作组 1998 年在《创意经济路径文件》中对创意产业的定义，即"源自个人创意、技巧及才华，通过知识产权的开发和运用，具有创造财富和就业潜力的行业"，英国创意产业分类如下（见表 3 - 6）：

表 3 - 6　　　　　　　　　　英国创意产业分类

编号	分类	核心内容
1	广告	消费者研究，客户市场营销计划管理，消费者品位与反映识别，广告创作，促销，公关策划，媒体规划，购买与评估，广告资料生产
2	建筑	建筑设计，计划审批，信息制作
3	艺术和古玩	艺术品古玩交易
4	工艺	纺织品、陶器、珠宝、金属、玻璃等的创作、生产与发展
5	设计	诵读咨询，工业等部件设计与环境设计
6	时尚设计	服装设计、展览用服装的制作、咨询与分销途径
7	电影与录像	电影剧本创作、制作、分销、展演
8	互动休闲软件	游戏开发、出版、分销、零售
9	音乐	录音产品的制造、分销与零售、录音产品与作曲的著作权管理、现场表演、管理、翻录及促销、作词与作曲
10	表演艺术	内容创作，表演制作，芭蕾，当代舞蹈、戏剧、音乐剧及歌剧的现场表演，旅游，服装设计与制造
11	出版	原创，书籍出版：一般类、教育类，学习类期刊，报纸，杂志，教学读物
12	软件设计	软件开发：系统软件、合约、解决方案、系统整合、系统设计与分析、软件结构与设计、项目管理，基础设计
13	电视与广播	节目制作与配套，广播，传送

资料来源：英国文体部，英国创意产业比较分析。

在英国文体部 2004 年 8 月发布的《创意产业经济估算统计公报》中，又将上述定义的 13 个门类整合成 11 个门类进行估算，其中第 9 和第 10 门类合并为音乐、视觉及表演艺术，第 12 门类扩展为软件、电脑游戏及电子出版。从 1997 年起，英国创意产业产值平均每年递增 6%，而同期国内生产总值年增速仅为 3%；其中广告产业增长速度最快。

受英国"创意产业"政策的支持，广告业也作为创意产业推动发展。英国最大的广告集团 WPP 集团，旗下有奥美（Ogilvy & Mather, O & M）、智威汤逊（J. Walter Thompson, JWT）、电扬、传力媒体、尚扬媒介、博雅公关、伟达公关等知名公司。WPP 集团广告经营额逐年稳步上升，2005 年为 10.03 亿美元，2008 年则上升到 13.598 亿美元，占整个欧洲同年广告经营额的 41.2%（见表 3 - 7）。

表 3 - 7　　　　　　WPP 2005—2009 年的广告经营额

年份	经营额（亿美元）	占欧洲比重（%）
2005	10.03	
2006	10.82	
2007	12.38	41.2
2008	13.598	41.2
2009	13.598	

资料来源：Advertising Age, annual report.

英国的创意产业是其国民经济的第二大产业（仅次于金融服务业），而创意产业的就业人口位居第一。2008 年英国创意产业市场总值约 1050 亿英镑，在过去 10 年当中成长 2 倍。占英国 GDP 的 7%。2008 年，英国文化、媒体和体育部主导，并与英国商业、企业和规制改革部及创新、大学与技能部合作共同推动"创意英国"政策报告，提升当地创意产业。

（三）其他发达国家的广告业发展现状

新加坡是一个自然资源严重匮乏的国家，所有原料连水源都依靠进口，因此，创意产业对于新加坡而言格外重要，创造了"资源有限，创意无限"的奇迹。新加坡政府一直将创意产业作为一个重要的发展方向，早在 1998 年就将创意产业作为 21 世纪的战略产业，出台了《创意新加坡》和《创意产业发展战略》两大计划，力图加大对文化领域的投入。新加坡的创意产业包括艺术、设计和媒体等领域，其中，广告属于第二类设计领域（见表 3 – 8）。

表 3 – 8 　　　　　　　　　新加坡创意产业分类

领域	具体分类
艺术	表演艺术、视觉艺术、文学艺术、摄影艺术、手工艺、图书馆、博物馆、画廊、档案、拍卖、文物遗址、艺术表演场所、各种艺术节及其他艺术相关事业
设计	广告、建筑、网络和软件、各类图表、工业产品、时装、内外部装修等
媒体	广播（包括电台、电视台和有线广播）、数字媒体（包括软件和电脑服务）、电影和录像、唱片发行和媒体印刷等

据统计，1986 年至 2000 年，创意产业在新加坡的年综合增长率为 13.4%，高于同期国内生产总值 10.6% 的增长率。从事创意产业的公司有 8000 多家，从业者超过 7 万人。2002 年，创意产业收入约 48 亿新元（1 美元约合 1.5 新元），占新加坡国内生产总值的 3% 左右。[①] 新加坡政府于 2003 年与社会组织共同成立专门机构组织——创意产业行动委员会，并陆续投资 8 亿美元实施发展创意产业。新加坡政府除帮助成立创意产业公司外，还采取一系列措施积极吸引全球资本前来新加坡投资创意产业。在政府的强力支持下，被纳入创意产业的广告业得到了迅速发展。自 2006 年起，新加坡广告频频在西方广告大赛中获得大奖：2004 年 *The Gunn Report* 中有两幅广告入围全球最富创意平面广告排行榜前十名，2005 年有三幅广告入围 *The Gunn Report* 全球最富创意平面广告排行榜前十，2006 年则有五幅广告入围前十。新加坡政府计划在 2012 年之前将创意产业在国内生产总值中所占比例翻一

---

① 数据来源：《综述：新加坡大力发展创意产业》，新华网，2009 年 4 月 28 日。

番，从过去的 3% 左右增加到 6%，使其成为新加坡未来重点开拓的主要领域。

20 世纪 90 年代，随着欧洲文化创意产业的蓬勃发展，欧盟委员会出台了一系列有关文化创意产业的工作报告和政策性文件，其中表述了多种对文化产业进行分类和界定的方法。首先，按照文化产业不同的消费模式，欧盟将其分为三种类型：集体文化行为、个人文化行为以及个人兼集体文化行为。其次，欧盟委员会又根据文化产业的经营特点将其分为由政府资助的公益性公共文化机构及设施、由社会各方资助的非营利性的文化部门以及营利性的文化部门等三类，其中第三类主要指个人的艺术及文化创作、音乐及图像市场、电影及电视制作、图书和传媒市场、艺术设计市场、手工艺、表演及休闲艺术等。[①] 2006 年，调查表明文化创意产业占欧盟 GDP 的 2.6%。2009 年，欧盟将其定位为欧洲的"创新和创造力"年。

第二节　中国广告业发展方式的历史检讨

一　粗放式经营与市场低集中度

（一）中国广告业长期保持着粗放式经营方式

自 1979 年中国广告市场重开以来，中国广告业一直保持着强劲的增长态势。从 1981 年的 11.8 亿元[②]，发展到 2013 年的 5019 亿元（见表 3 - 9）[③]，广告经营总额已经超过了 5000 亿元人民币。短短 32 年的时间，广告经营额增长了 424 倍以上。从广告支出总量对比上来看，中国的广告支出额已经位居世界前十，实力正在

---

① http://www.chinacity.org.cn/csfz/cswh/53863.html，2010 年 3 月 26 日。
② 《中国广告年鉴》1986 年卷，第 26 页。
③ 《2009 年中国广告业统计数据报告》，《现代广告》2010 年第 4 期。

逐渐增强。2008 年，中国以占全球广告支出市场份额 3.5% 的比例仅次于美国、日本、英国。2011 年中国广告支出增长率高达 18%，2012 年也达到了 14.5%。

表 3-9　　　　　　1981—2013 年中国广告经营总额增长状况

年份	广告经营总额（万元）	年份	广告经营总额（万元）
1981	11800	1998	5378327
1982	15000	1999	6220506
1983	23407.4	2000	7126632
1984	36527.88	2001	7948876
1985	60522.53	2002	9031464
1986	84477.74	2003	10786800
1987	111200.3	2004	12646000
1988	160211.9	2005	14163487
1989	199899.8	2006	15730000
1990	250172.6	2007	17410000
1991	350892.6	2008	18895600
1992	678675.4	2009	20410322
1993	1340874	2010	23405000
1994	2002623	2011	31255529
1995	2732690	2012	46982800
1996	3666371	2013	50191500
1997	4619638		

数据来源：来自各年份广告年鉴中的统计数据。

1981 年到 1991 年最初的十年间，我国广告经营额增幅较缓。自 1992 年开始，增幅加大，连续两年的增幅都超过 90%。在此后 10 年的时间进入高速发展时期，从几十亿元飙升至 900 亿元，发展势头非常强劲。到 2003 年底，全国广告经营总额已突破千亿元，进入里程碑式的发展阶段，达到了 1078.68 亿元。此后，随着广告经营额基数的增大，广告经营额的增速逐渐放缓。但是，广告经营额持续增长的势头并没有发生改变。而自

1985 年有较为规范的统计数据以来，广告业经营额的平均年递增率更是高达 30.8%，广告业成为我国增长速度最快的产业之一。

20 世纪 80 年代初期，广告市场刚刚重开，正在发展中的广告业对整个国民生产总值的贡献是微不足道的。比如 1985 年，广告产业对中国国民生产总值的直接贡献率还不到 0.1%。但随着广告产业的迅速发展，广告产业的重要性逐渐显现出来，仅从广告产业对国民经济的直接贡献来看，自 1996 年起，广告产业占中国国民生产总值的比重就超过了 0.5%，其中，在 2004 年，广告经营额在 GDP 中所占的比重更是超过了 0.9%，随后，广告经营额每年在 GDP 中都保持着较大的比重，在整个国民经济中也占有了重要的地位（见表 1-1）。

从中国广告业的发展现状来看，中国广告业一直保持着高增长的发展态势，但是，我们也注意到，中国广告业一直走的是外延式、粗放式的增长道路。我们以 2012 年为例，2012 年中国广告经营额达 4698.2800 亿元，比 2011 年增长 1572.7271 亿元，增长率为 50.32%。广告经营单位与从业人员继续稳步增长，全国共有广告经营单位 37.8 万户，比 2011 年同期增加 8.1 万户，增长 27.27%；广告从业人员为 217.8 万人，比上年同期增加 5.08 万人，增长 23.9%。[①] 从这组对比数据中我们可以看出，2012 年广告公司数量增幅比上年高出 27.2 个百分点，广告公司从业人员约高出 23.9 个百分点，广告经营额的增幅为 50.32 个百分点。从这组对比数据中可以看出，2012 年中国广告行业依然遵循的是一条依靠数量增长带点产业增长的经营方式，这种粗放式的经营格局一直未曾改变。粗放式经营方式在广告市场开放初期是

---

① 数据来源：崔保国：《2013 年中国传媒发展报告》，社会科学文献出版社 2013 年版，第 288—289 页。

一种必需和必然，能够迅速扩大广告市场提高经营利润。但是，当中国广告市场开始逐步步入成熟阶段时，诸多的问题便暴露出来：经营单位迅速膨胀造成经营质量参差不齐，直接导致市场内部竞争加剧，形成中国广告市场"高度分散、高度弱小"的局面。

（二）中国广告市场结构的低集中度

市场集中度是指在某一特定产业中市场份额控制在少数大企业手中的程度，它反映了特定某个产业的市场竞争和垄断程度。关于市场集中度，一般均采用产业经济学中贝恩教授所建立的分析模型，依照同一产业领域居前八位的企业所占的市场份额来分析其市场类型。按其分类标准，CR8＜40%、40%≤CR8＜45%、45%≤CR8＜75%、75≤CR8＜85%、CR8≥85%，分别属于原子型、低集中寡占型、中（下）集中寡占型、中（上）集中寡占型、高集中寡占型。其基本理论假设为：集中度与利润率之间呈正相关关系，市场集中度越高，利润率也会相应提高。

目前，发达国家广告市场的集中度大体都在 40%＜CR8＜70% 之间，基本属于中等以下集中寡占型。1992 年，中国广告市场的集中度 CR8 为 9.53%，发展到 2006 年为 15.68%，总体呈现上升趋势。根据中国广告协会历年发布的统计数据，应用市场集中度的模型来研究，我们可以计算出 1994—2009 年中国广告产业的绝对市场集中度情况。数据显示，我国广告产业在 2007 年之前都处于一种完全竞争的原子型市场结构，到 2007 年，CR4 达到 24.72%，CR8 为 41.63%。这显示我国广告业市场集中度开始由原子型市场结构逐渐发展成为低集中寡占型市场结构。到 2008 年 CR4 值为 25.43%，CR8 值为 42.95%（见表 3 - 10）。由此可见，我国广告产业目前正处在由一种高度分散高度弱小原子型的市场结构向低集中寡占型市场结构过渡的时期。到了 2009 年，我们通过计算得出，CR4 值为 24.2%，CR8 值则下降为 40.7%，集中度略微下降（见表 3-11）。这一变化与 2008 年 9 月爆发的全球性金融危机有关，国家遭遇创伤实体企业经营下滑，严重依赖于经济发展的广告业遭遇到 21 世纪以来最为严峻的环境考验，最直接的结果是引发了广告公司业绩滑坡。从上述数据我们看出，虽然 2009 年我国广告市场集中度略有下降，但是并不影响市场结构的变化，我国广告产业正在向低集中寡占型的市场结构过渡，这类市场的特点是市场上广告公司仍然较多，开始出现较低的市场集中现象。

表 3-10　　　　　2008 年排名前 10 广告公司营业额　　　单位：万元①

序号	广告公司	经营额
1	分众传媒（中国）控股有限公司	539570
2	麦肯·光明广告有限公司	492835
3	上海李奥贝纳广告有限公司	475578
4	智威汤逊—中乔广告有限公司上海分公司	471009
5	盛世长城国际广告有限公司	427792
6	北京电通广告有限公司	356886
7	北京未来广告公司	346487
8	广东省广告股份有限公司	233000
9	北京恒美广告有限公司上海分公司	203973
10	广东凯络广告有限公司上海分公司	184586

表 3-11　　　　　2009 年排名前 10 广告公司营业额　　　单位：万元②

序号	广告公司	经营额
1	分众传媒（中国）控股有限公司	575769
2	智威汤逊—中乔广告有限公司上海分公司	566800

续表

序号	广告公司	经营额
3	上海李奥贝纳广告有限公司	496205
4	盛世长城国际广告有限公司	421895
5	麦肯·光明广告有限公司	368590
6	北京电通广告有限公司	367416
7	凯帝珂广告（上海）有限公司	343236
8	广东凯络广告有限公司上海分公司	317184
9	北京恒美广告有限公司上海分公司	225596
10	广东省广告股份有限公司	205024

　　高市场集中度意味着广告公司拥有较高的竞争力水平，相应地，低集中度意味着广告公司的竞争力水平较低。因此，与广告产业发达国家相比较，我国广告业发展还有很大差距，如 2002 年美国广告行业前四大广告集团的市场占有率就已高达 69.4%，属于高度集中的寡占型市场结构。另外，作为世界广告大国的日本也不例外，2004 年日本广告公司前 4 名的市场占有率为 46.3%，前 5 名的市场占有率为 53.2%，均高于我国相应集中率。

　　对比之下我们不难看出，中国广告产业市场低集中度的现象依然十分突出。

二　由 "三密集" 产业沦为劳动密集型产业

（一）广告产业本属于知识密集型、技术密集型、人才密集型的 "三密集" 产业

　　服务经济是人类经济发展历经农业经济、工业经济之后的新型经济形态。在世界经济快速发展的今天，世界各国的经济都正在经历或已经完成从 "工业经济" 到 "服务经济" 的结构转型。正是由于知识与技术在经济生活中的重要性不断攀升，因此，随着从机器的大工业时代向服务经济转变的过程中，知识与技术成

为现代服务经济不可替代的优势。以专业知识和技术为基础的知识密集型服务业也日益凸显出重要作用，据统计，美国知识密集型服务业对其 GDP 的贡献率高达 50%，韩国也达到了 22.1%。[①]

广告业是现代服务业的重要组成部分，广告公司是通过展现策划创意、媒介推广、整合营销传播等专业能力来提供智力服务的企业，由此可见，广告产业属于知识密集型、技术密集型、人才密集型的"三密集"高利润产业。

（二）SCP 范式与中国广告产业的过度竞争

产业组织理论体系最初是以美国哈佛大学为中心逐步形成的。贝恩教授于 1959 年出版了《产业组织》一书标志着产业组织理论的诞生。贝恩教授在《产业组织》一书中详细地分析了产业组织理论研究的核心 SCP 范式：结构—行为—绩效（Structure-Conduct-Performance，SCP）。SCP 分析框架主要观点在于结构、行为、绩效之间存在着因果关系，即市场结构决定企业在市场中的行为，而企业行为又决定市场运行的经济绩效。同时市场行为和市场绩效也能反过来影响市场结构。

接下来我们可以用 SCP 范式分析中国广告产业中市场结构、市场行为和市场绩效，即中国广告产业的市场结构决定了广告公司在市场中的行为，接着，广告公司的市场行为又决定了市场绩效，同时，广告公司的行为和形成的市场绩效又反过来影响广告产业的市场结构。我们在上一节的分析中已经知道，中国广告业正处于由一种原子型的完全竞争的市场结构向低集中寡占型的市场结构过渡的阶段，市场上存在的广告公司极其多，几乎不存在集中现象，可以说只有若干跨国广告公司存在一定的集中现象。

---

① Kong-Rea Lee. *Knowledge Intensive Service Activities*（*KISA*）*in Korea's Innovation System*. Paris：OECD Report，2003.

这种低集中度的市场结构造成了中国广告市场存在严重的过度竞争现象，广告公司之间的同质化竞争严重，依靠恶性价格竞争维持发展，从而降低企业利润率，严重扰乱中国广告市场的正常秩序。

国家工商行政管理总局于1993年颁布实施了《广告经营者资质标准及广告经营范围核定用语规范（试行）》，其中规定：个体广告经营户须提供有与广告经营范围相适应的经营场所、设备和流动资金，场地不少于20平方米，流动资金不少于5万元人民币；专业性广告经营企业（内资）注册资本不少于50万元，中外合资、合作广告企业注册资本不低于30万美元①。由此可见，在我国政策允许范围内开办一个广告公司在资金上并不是难事。同时，对于中小型广告公司而言，它们仅能提供创意、策划、制作等领域的服务，这些服务的进入壁垒非常低，多年前流行的"点子大王""点子公司"就是广告专业服务进入壁垒太低的产物。在整合营销传播领域，产品专业化程度较高，仅有大型本土广告公司或跨国广告公司才能执行，因此，我国目前广告公司存在着高水平公司进入不足，而低水平公司进入过多的问题。中国广告市场上由此产生了庞大的广告公司群体。

在这一群体中，存在着不少中小型广告公司心存不轨，趁着广告业行业前景看好时进来捞一把，赚取非正常暴利，这是俗称的"过江龙"。"过江龙"的出现会扰乱市场正常的竞争秩序，其重要的表现就是进行恶性价格竞争造成广告市场的过度竞争。这些服务质量参差不齐的中小型广告公司，往往通过低价竞争吸引客户，在打击了其他正常广告公司后，由于利润过低又无法提供高质量的广告专业服务，最终影响整个广告市场的正常运作。

广告公司市场行为决定了广告业的市场绩效，贝恩的研究结果也表明，集中度越高，利润率也会有所提高。纵观我国广告市

---

① 刘林清：《广告监管与自律》，中南大学出版社2003年版，第79—81页。

场，广告产业的低集中度以及低壁垒进入，使得广告产业存在明显的过度竞争，从而造成了行业利润的微薄。2012 年广告公司研究报告表明，2012 年与 2011 年相比，上半年营业额增长的被访广告公司比例同比下降 13.3 个百分点，达 52.9%，略高于 2009 年的 48.5%；营业额下降的被访广告公司比例同比上涨 10.8 个百分点。2012 年上半年税后纯利润增长的被访广告公司占比 47.7%，与 2011 年同期相比下降 12.3 个百分点。被访广告公司税后纯利润下降的比例为 24.2%，高于 2011 年 10.6 个百分点。税后高利润的广告公司主要是一些跨国广告公司，可见，我国多数广告公司平均利润率低下，生存环境并不乐观。

（三）中国广告业沦为劳动密集型产业

粗放式经营方式与低集中度最终都会给中国广告业带来诸多困难，从表 3-12 显示的数据可以看出，中国广告公司的发展状况虽然正在逐渐好转，但是依然整体处于高度分散与高度弱小的局面。2012 年，中国广告专业广告公司 37.8 万户，广告营业总额 4698.2800 亿元，户均广告营业额仅为 124.3 万元，如果以最高 15% 的平均利润率进行计算的话，中国广告公司的户均利润仅为 18.6 万元。

表 3-12　　　　2012 年中国广告公司总体经营状况

年份	广告公司数量（户）	营业额（万元）	从业人员（人）	户均广告营业额（万元）	人均广告营业额（万元）
2012	378000	46982800	2178000	124.3	21.6

据中国广告协会发布的数据，2012 年中国广告公司营业额前 100 位排序，经过统计计算，（见表 3-13）2012 年排名前 100 位的中国广告公司营业总额为 11923077 万元，占 2012 年中国广告市场营业额的 25%，排名前 10 位的广告公司营业总额为 5637651 万元，占 2012 年中国广告市场营业额的 12%。也就是

说，排名前 100 位广告公司的经营额中有一半是排名前 10 位的广告公司贡献的。可见，余下 99% 的广告公司所占营业额的比例更是少得可怜。

表 3-13　2012 年中国广告公司营业额排名前 100 位营业额①

项目	户数（户）	营业额（万元）	户均营业额（万元）
营业额排名前 100 位广告公司	100	11923077	119230
营业额排名前 10 位广告公司	10	5637651	563765

我们还需要注意的是，在 2012 年度中国媒体单位广告营业额前 100 名排序中，经过计算，前 10 位媒体单位的广告营业额为 6156731 万元，远高于我国广告公司（非媒体服务类）前 10 位 3847302 万元的营业额。这也说明了我国粗放式经营与低集中度在广告市场显现出的另一个深层次问题：强媒体、强企业和弱广告公司的市场格局。伴随着我国广告公司高度分散、高度弱小的状况，广告资源的过度分散导致规模经济和范围经济难以在短时期内形成，在外资广告公司的强势冲击下，中国广告公司的生存将日益艰难。纵观参与营销的市场三方力量走势，广告公司处于明显被动位置，广告主和媒体占据了主动。如宝洁公司停止与媒介代理合作，自己给自有品牌做广告；可口可乐第一个向广告公司提出将服务模式改为按效果付费。中国广告业生态报告做出了调研，市场三方选择广告市场的主导力量，广告公司得到的比例仅为 4.6%，广告公司自身选择的比例也同比下降了 8%（见图 3-4）。广告公司的主导力量正在渐渐失去。

劳动密集型产业主要是指生产依靠大量使用劳动力，对知识和技术的依赖程度较低，属于低附加值的生产活动，增值能力非常有限。从前面论述中我们看出，中国广告市场拥有庞大的广告公司群

---

①　数据来源：中国广告协会发布《2009 年度中国广告公司营业额前 100 名排序》，注：此处广告公司营业额排名是根据中广协发布的排序将媒体服务类、非媒体服务类以及户外广告类共同统计后计算得出。

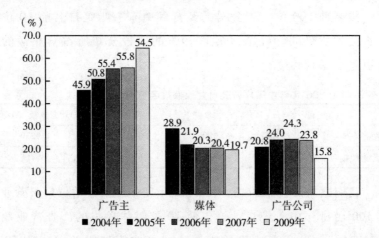

图 3 - 4　2004—2009 年受广告公司认为的
广告市场主导力量选择情况比较①

体和广告从业人员，创造的平均利润极其低，同时渐失行业中的主
导力量，地位正被边缘化，中国广告业已经开始由知识密集型、技
术密集型、人才密集型的"三密集"产业沦为劳动密集型产业。

第三节　中国广告产业转型的两大选择

一　从一般服务业到文化创意产业

（一）广告产业定位为服务业

我国最早关于现代服务业的提法出现在 1997 年 9 月中共十五
大报告中，首次提出要"加快发展现代服务业，提高第三产业在
国民经济中的比重"，这一提法明确将现代服务业定位于第三产
业。接下来在 2000 年中央经济工作会议提出"既要改造和提高

---

① 数据来源：《2009—2010 中国广告生态调研》，《广告大观》2010 年第 3 期。

传统服务业，又要发展旅游、信息、会计、咨询、法律服务等新兴服务业"。可以说，在 2000 年以前的行业分类中，"广告业"并未成为一个单独的产业部门出现在国家政策中。唯一能够在国家政策中找到广告业身影的是 1993 年《国家税务总局关于印发〈营业税税目注释〉（试行稿）的通知》，通知规定，服务业是指利用设备、工具、场所、信息或技能为社会提供服务的业务，服务业税目的征收范围包括代理业、旅店业、饮食业、旅游业、仓储业、租赁业、广告业、其他服务业。其中，广告业排在第七位，被定义为利用图书、报纸、杂志、广播、电视、电影、幻灯、路牌、招贴、橱窗、霓虹灯、灯箱等形式为介绍商品、经营服务项目、文体节目或通告、声明等事项进行宣传和提供相关服务的业务。① 可见，21 世纪以前，在人们的常识中，广告业仅仅是商业服务中的一个方面。

2001 年 3 月 15 日，第九届全国人民代表大会第四次会议批准了《中华人民共和国国民经济和社会发展第十个五年计划纲要》，纲要提出要发展服务业，提高供给能力和水平。纲要第五章将服务业分为两类，一类是面向生活消费的服务业，一类是面向生产的服务业。前者包括旅游业、房地产业、金融、保险以及文化和体育产业；后者包括运输业、邮政服务业、中介服务业以及信息服务业等②。纲要关于服务业的分类存在着明显的界限不清问题，将不少行业混为一谈。纲要还指出要实施一批信息化重大工程，推进政务、金融、外贸、广播电视、教育科技、医疗卫生、社会保障和公用事业等领域的信息化进程；把握时代精神，坚持正确方向发展新闻出版、广播影视等各项事业。这份纲要中

---

① 参见《国家税务总局关于印发〈营业税税目注释〉（试行稿）的通知》（国税发〔1993〕149 号），http：//www. chinatax. gov. cn/n480462/n480513/n480979/n554109/997125. html，1993 年 12 月 27 日。

② 参见《中华人民共和国国民经济和社会发展第十个五年计划纲要》，人民网：http：//www. people. com. cn/GB/historic/0315/5920. html，2003 年 8 月 1 日。

含有"中介服务业""信息产业""文化产业"等字眼,但是依然未能清晰地表明广告产业的定位问题。

2006年3月16日颁布的《中华人民共和国国民经济和社会发展第十一个五年规划纲要》明确提出加快发展现代服务业的方针,"坚持市场化、产业化、社会化方向,拓宽领域、扩大规模、优化结构、增强功能、规范市场,提高服务业的比重和水平",从政策层面上规划了我国现代服务业的发展。同时,该纲要首次将广告业定位问题纳入国家级规划中,把广告业纳入商务服务业之中,商业服务业隶属于生产性服务业,并把"推动广告业发展"列入"加快发展服务业"的规划范围中。① 至此,广告产业的定位终于清晰——属于现代服务业。

(二) 广告产业属于文化产业和创意产业的范畴

2006年9月13日,中共中央办公厅、国务院办公厅印发了《国家"十一五"时期文化发展规划纲要》,确定了我国将发展重点文化产业的门类:影视制作业、出版业、发行业、印刷复制业、广告业、演艺业、娱乐业以及文化会展业。发展纲要提出要"发挥各类媒体的作用,积极促进广告业的健康发展,努力扩大广告产业规模,提高媒体广告的公信力,广告营业总额有较快增长"②。广告业于"十一五"时期被放在文化发展规划中的显要位置。

2009年7月22日,国务院常务会议审议通过《文化产业振兴规划》,这是我国第一部文化产业专项规划,这是继钢铁、汽车、纺织等十大产业振兴规划后出台的又一个重要的产业振兴规划,标志着文化产业已经上升为国家的战略性产业。规划中对于加快经济发展方式转变有八项重点工作,其中的第一项就是加快

---

① 参见国务院《中华人民共和国国民经济和社会发展第十一个五年规划纲要》,2006年3月16日。

② 参见国务院颁布《国家"十一五"时期文化发展规划纲要》,2006年9月13日。

发展文化产业。在《文化产业振兴规划》中，广告产业与文化创意、影视制作、出版发行、印刷复制、演艺娱乐、文化会展、数字内容和动漫等并列为国家重点文化产业，广告业被列入了第一梯队的重点文化产业。

为贯彻落实"十一五"规划纲要和文化产业振兴规划，国家工商行政管理总局、国家发展和改革委员会于 2008 年联合发布《关于促进广告业发展的指导意见》，意见明确指出：知识密集、技术密集、人才密集的广告业是现代服务业的重要组成部分，是创意经济中的重要产业，在服务生产、引导消费、推动经济增长和社会文化发展等方面，发挥着十分重要的作用，其发展水平直接反映一个国家或地区的市场经济发育程度、科技进步水平、综合经济实力和社会文化质量。广告产业位于当前十三大创意产业之首，具有知识密集型、高附加值、高整合性等特点，是通过开发知识和突出创意来创造出社会财富和就业机会的经济活动，同样属于智能经济的范畴。

文化产业是国民经济中的重要产业，从 2003 年起，我国文化产业增加值增幅高于同期 GDP 增幅 5 到 6 个百分点，增长势头明显快于一般经济领域。作为文化创意产业中的支柱产业，广告产业在我国文化创意产业的发展中扮演着重要角色。2009 年我国文化产业增加值为 8400 亿元左右，快于同期 GDP 的现价增长速度 3.2 个百分点，占同期 GDP 初步核算数的比重为 2.5% 左右。2006—2009 年，广告经营总额与文化产业增加值的比重分别为 30.7%、27.2%、24.8%、24.3%。广告经营额占文化产业增加值近 1/4，是文化产业中名副其实的主导产业（见图 3 - 5）。

广告产业属于典型的高级结构的产业主体，即知识技术密集型产业，有高附加值，属于文化产业、创意产业、智能经济的范畴；创意始终是广告业发展的根本动力，因此，广告业是文化创意产业中的核心产业。大力发展广告业将推动文化产业及创意经

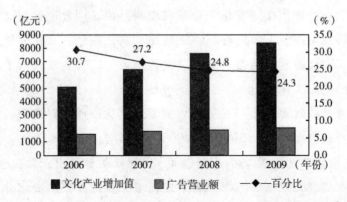

图 3-5 2006—2009 年广告经营总额与文化产业增加值的比重①

济的发展。对创意产业化进程中广告产业的发展研究，对于指导整个中国广告产业的发展，对中国产业结构优化及经济发展，都具有十分重大的意义。

（三）加快发展现代服务业，提高广告产业在文化产业中的地位

根据经济学家的观点，有关服务经济理论有三个结论是非常明确的：第一，服务业随整体经济的变化而变化，服务业在经济中的比重、地位及作用随经济发展水平的提高而提高，当经济发展水平上升到一个阶段，它可能会有一个高速增长时期；第二，服务业发展水平必须与经济发展阶段和人均收入水平相适应，否则就会制约经济发展和经济结构的调整，进而影响经济质量的增长；第三，服务业可以吸纳大量劳动力，在经济发展的各个阶段，服务业就业的比重都呈上升趋势，最终，服务业的比重会超过农业和工业。②我国服务业自改革开放以来发展迅速，2008 年服务业产值超过了 12 万亿元，服务业增加值以每年 10% 的速度递

① 数据来源：国家统计局及中华人民共和国国家工商行政管理总局历年来统计数据。
② 参见黄维兵《现代服务经济理论与中国服务业发展》，西南财经大学，博士学位论文，2002 年。

增。中国服务业在 2010 年上半年 GDP 中的比重达到了 42.6%，比 2009 年同期提高了 1.3 个百分点。但是，根据统计，广告业 2008 年和 2009 年对 GDP 的贡献维持在 0.6% 左右，历史上最高也不过是 2004 年广告业经营总额在 GDP 中的比例超过 0.9%。可见，虽然国家政策将广告业放于服务经济中的重要地位，但是广告业的自身发展并不充分，并未实际凸显出其重要价值，中国广告业的实际支出与经济发展水平是不相匹配的。根据中科院的预测，到 2015 年，我国"十二五"规划的最后一年，我国服务业增加值占 GDP 的比重将会提高 4 个百分点，占 GDP 比重将达到 48%，超过工业比重成为主导，这预示着到 2015 年我国很有可能会迎来服务经济时代。①

因此，不难看出中国的服务业还有极大的发展空间，一定程度上落后于中国经济发展的广告业也有极大的上升空间。作为现代服务业的广告产业应转变发展方式，从一般服务业转型为文化创意产业，快速提高发展水平。

（四）利用文化产业振兴规划推动广告业转型

2009 年《文化产业振兴规划》的发布给沉寂中的中国广告业增添了一抹亮色，对于广告业而言，文化产业振兴规划确实是一剂兴奋剂。那么，文化产业振兴规划到底对广告业起多大作用？广告业该如何利用国家经济发展战略推动自身的转型呢？我们认为，重点在以下五个方面：

1. 政府除发布相关政策扶持外，还应由各级政府及相关部门成立专门的文化产业工作组，对我国文化产业发展进行跨部门协调。我国传统媒体虽然发展迅速，规模庞大，但是其结构依然是

---

① 数据来源：赵明月、陈思亦、翟小辉、张珍珍：《中国服务经济时代 2015 年来临？》，《人民日报》（海外版）2010 年 10 月 9 日第 4 版。

行政化结构，这种发展结构不仅很难持续发展，对中国广告业的未来发展也会形成制约。目前文化产业振兴规划中对于传统媒体的涉及并不明确，并未将电视、报业、广播、杂志等传统媒体列为重点支持的文化产业之中。广告业的振兴离不开媒体的发展壮大。因此，政府需要设置相关部门，协调传统媒体、新媒体以及广告业之间的关系。

2. 中国广告产业需要利用政策争取有利发展的资源。十七大报告强调要加快转变经济发展方式，遏制"三高"产业，实现社会经济的高效发展、低碳发展和可持续发展。《文化产业振兴规划》将加快发展文化产业列为转变经济发展方式的第一项，更是将广告业列入了第一梯队的重点发展文化产业。中国广告业应该利用这些有利政策争取资源和支持。比如：文化产业振兴规划中提到"充分调动社会各方面力量，加快推进具有重大示范效应和产业拉动作用的重大项目""统筹规划，加快建设一批产业示范基地，发展具有地域和民族特色的文化产业群"。广告业界和学界应该深入研究和策划，有针对性地推出广告业项目，争取能够入选政府支持的各类文化产业振兴项目，得到政府的资源支持与政策支持。

3. 中国广告业应该利用文化产业振兴规划发布的契机，争取与各级政府的沟通和对话，得到政府的理解和关注，消除对中国广告业的行业歧视。受众大多对于广告业有误解，认为广告是虚假的骗人的或是无须技术和知识的行业。中国广告业应该利用这个机会和政府合作，推出真正能代表广告业的领军人物进行传播，力图扭转社会对广告业的误解和刻板形象，推广广告业的核心价值[①]。

---

① 陈刚：《喜忧参半——对文化产业振兴规划与中国广告业的未来发展的思考》，《广告大观》（综合版）2009年第9期。

4. 中国广告业加大推广力度，增强对资本的吸引力，争取资本进入广告创意产业集群。比如英国伦敦是世界创意之都，英国文化创意产业的中心，全球最大的广告集团 WPP、BBH 等广告公司都驻扎在伦敦。《文化产业振兴规划》中提到"统筹规划，加快建设一批产业示范基地，发展具有地域和民族特色的文化产业群"，中国广告业应利用这个契机形成资源、人才、信息市场，发挥最大价值。

5. 重视对广告创新型人才的培养和教育。《文化产业振兴规划》强调着力加强领军人物和各类专门人才的培养，注重海外文化创意、研发、管理等高端人才的引进，为我国文化产业发展提供强有力的人才保障。广告业的准入门槛较低，企业和从业人员的资质标准还未完全成型，这导致广告业结构失调，形成"劣币驱逐良币"的恶性竞争现象。广告本身涉及创意、策划、整合营销传播等多个方面，在保存传统的传播技术和传播手段的同时，还面临着新媒体新技术的挑战，广告产业充分反映了知识密集、人才密集以及技术密集的特征。因此，广告业迫切需要创新型人才的培养和教育。

二　集约化经营与规模化发展

（一）转变经济发展方式实现广告业集约化经营

产业经济学从对产业增长与发展推动的方式来看，可以将产业发展的方式划分为粗放型增长模式与集约化发展模式。粗放型增长是指资源高投入与高消耗以达到产业高速增长的目的，其特征主要表现为：资源和资本大规模投入、产业组织不合理、技术进步缓慢、产业增长波动较频繁等。由此可以判断，在我国，广告业在这三十年依靠资源消耗性投入，呈现出高速增长的状态；但是，当高速增长到一定时期后，受到瓶颈资源和部门的制约，最终产业增长会受到限制。在上一节中我们已经详细计算过中国广告产业目前的总量以及占 GDP 的比例，可以看出，中国广告业目前存在的严重问题，不是经营总额的问题，而是发展方式的问题。

中国广告市场潜力巨大，排除其他干扰因素，我们根据自 1985 年以来，广告业经营额平均年递增率 30.8% 来计算，或者根据中国广告经营额占 GDP 比率两个指标来预估中国广告市场的未来潜力。2013 年我国广告经营总额为 5019 亿元，那么按照我国广告经营额年平均递增率 30.8% 的速度，2017 年可以达到 14690 亿元，将是 2013 年的三倍。有专家预测我国未来几年间 GDP 年平均增长率将达到 7 个百分点，那么，按照 7% 来计算，到了 2017 年，我国 GDP 预计将达到 745643 亿元，按照近几年我国广告业经营额占 GDP 的 0.88% 来估算，那么，到 2017 年我国广告经营额将达到 6561.66 亿元。表面看来，这些预估的数字非常诱人，但是，关键问题在于广告经营额中本土广告公司占有多少，本土广告公司的户均营业额和人均营业额有多少，以及广告业的集中度，即排名前四位或前八位的广告公司营业额占全国广告公司营业额的比重是多少。2012 年，中国广告专业广告公司 37.8 万户，广告经营总额 4698.2800 亿元，户均广告经营额仅为 124.1 万元，如果以最高 15% 的平均利润率进行计算的话，中国广告公司的户均利润仅为 18.6 万元。而外资广告公司在华收入远远超过了本土广告公司。由此可见，中国广告业拥有庞大数量的广告公司与广告从业人员，资源大规模的投入却形成本土广告公司的高度分散、高度弱小，这种粗放式经营方式严重制约着中国广告业的快速健康发展，面临着向集约化经营的转型。

产业集约化经营是指产业发展以资源优化配置和有效使用为原则，产业组织结构趋于优化，并能够持续发展的动态过程。当产业处于集约状态时，其产业内大、中、小企业共生互补，产业集约度较高，资源配置效率达到最大。资源配置的基本原则是有效性，即资源要能够达到有效配置。从长远来看，人类拥有的资源是有限的，无论是自然资源、人力资源或者是人造资源在一定时期内都是有限的。而人类总是妄图得到更多的资源获取更大的利润，因此，在一定时期和一定范围内，资源的供给和人类的需求会存在着不可避免的矛盾。在商品经济社会，资源配置的基本原则就是效益最大化，用最少的资源创造出最大的社会财富。

中国国家经济发展战略强调转变经济发展方式，其中重要的一点就是以高能源消耗、高资源消耗、高污染为代价转向以低能源消耗、低资源消耗、低环境污染为前提实现经济的高速增长。进而言之，转变经济发展方式主要是实现从粗放式增长向集约式经营的转变。我们知道，广告业本是知识密集、技术密集、人才密集的三密集型行业，现在亟须改变目前高投入高增长的状况，用最少最合理的资源配置实现广告业的增长，实现由粗放式经营向集约化经营的转型。

（二）集约化经营扩大产业规模，实现规模化发展

规模优势竞争可以说是企业生存与发展的必然趋势，在 21 世纪，经济全球化与数字信息化的推动，企业间竞争更为激烈，规模化成为当代企业必不可少的选择。对于中国广告业而言，面对跨国广告集团的挤压和数字技术的推进，也必须走规模化发展之路。我们以世界五大广告集团——奥姆尼康集团、阳狮集团、WPP 集团、日本电通以及 IPG 集团为例。这五大广告集团在广告行业具有举足轻重的地位，其在全球广告市场所占份额 1993 年是46%，到 2003 年上升到 66%，规模十分庞大。从广告集团的营业额来看，奥姆尼康（Omnicom）自 2002 年以来一直稳居首位，但是从 2008 年起被 WPP 集团超越，2009 年的营业额则比 WPP 集团少了近 20 亿美元。IPG（Interpublic Group）、阳狮（Publicis Worldwide）、电通（Eentsu）一直居后三位（见图 3 - 6）。五大广告集团在全球 100 多个国家都建立了数量庞大的子公司和办事

机构，欧美地区、亚太地区、拉丁美洲以及非洲都设有办事处，在全球范围内开展广告、市场营销、公关、网络、客户关系管理、咨询等业务。自 2005 年起，五大广告集团在中国也大肆扩张，中国广告业近 20 年的数据统计显示，每年广告公司营业额前十名本土广告公司逐渐减少，合资广告公司逐年增多；从营业额数据看出排名靠前的合资广告公司收入也远远高于本土广告公司，跨国广告集团的营业额规模在逐年增大。

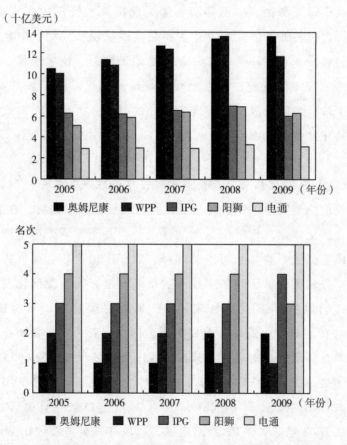

图 3-6　世界五大广告集团 2005—2009 年经营收入及全球排名

一般来说，产业实现集约化经营的重要特征就是产业具有较高的产业规模结构效率：既包括产业内单个企业的规模经济水平较高，也包括产业内企业之间的分工协作水平较高。产业经营的集约化发展，能够使市场上的主要企业实现规模经济效益，并提高产业集中度。我国广告产业规模不合理，主要企业的规模经济效益不高，产业集中度低，亟须实现产业集约化经营。产业集约化的发展最终可以提高产业集中度，实现规模经济和范围经济，最终由集群化走向规模化发展，这是中国广告产业发展方式转型的必需，这部分内容将在下一章详细阐述，在此暂不展开。

第四章

从集群化走向规模化
—— 中国广告产业发展路径的选择

第一节　集群化：中国广告产业结构的基本取向

一　产业集群理论与集群经济

产业集群自 20 世纪 90 年代开始，逐步发展成为世界经济中独具特色的经济组织形式。产业集群内的企业通过互动合作与交流，可以产生强大的溢出效应，从而带动一个地区甚至一个国家经济的发展。产业集群形成后，进而形成资源集约、人才集约、市场集约、信息集约以及文化集约，集约成为产业集群的核心竞争优势。如今，越来越多的国家和地区，都把产业集群当作拉动产业发展和地方经济增长的重要战略方式。

马歇尔（A. Marshall）最早开始研究集群，他于 1920 年发现了外部经济和产业集群之间的关系，解释了外部性导致产业集群出现的现象，提出了外部经济的"三要素"学说。韦伯（A. Weber）于1909 年最早提出了聚集经济的概念，认为在高级聚集阶段，各个企业通过相互联系的组织而形成的地方工业化就是产业集群。随后，克鲁格曼发展了聚集经济的观点，认为产业规模越大，其企业成本越低，从而加强了整个产业的竞争力，这个理论基础是收益递增。1997 年，Alex Hoen 从理论角度将产业群分为微观群、中观群以及宏观群，其中，微观群是指企业群，宏观群是产业集群。Lynn Mytelka 则提出产业集群分为三类：非正式群、有组织群和创新群，主要探讨在传统产业中如何培养创新群，使之保持可持续发展的竞争优势。这些有关产业集群的理论都是零散的、不成系统的。1990 年迈克尔·波特在《国家竞争优势》一书中，正式将产业集群作为一个理论概念提出，同时，产业集群开始逐渐成为发达国家和发展中国家的重要政策工具。接着，迈克尔·波特于1998 年发表了《集群与新竞争经济学》一文，在此文中，波特系统地提出了新竞争经济学的产业集群理论。该理论指出，产业集群是指集中在特定区域，在业务上相互联系的，在地理上集中的上游中间商、下游渠道商、顾客、政府与非政府机构以及属于其他产业的企业和相关机构。

西方学者对于产业集群理论的研究相当多，但是，学者们对于产业集群的概念定义并未完全赞同，面对众多定义，本书仅列举几个比较有代表性的定义来看产业集群的特点。Bersgsman 等（1972 年）将产业群当作是趋向位于同一地方的一组经济活动，经济活动的就业人数之间是否相关是判断产业群的标准。Czaman-ski 等（1979）认为产业集群是一组在商品和服务联系上比其他部门联系强，并且在空间上也相互接近的产业。迈克尔·波特认为，产业集群是在某一特定区域和地理位置上集中的企业与相关机构的集合。产业集群范围非常广泛，不仅包括制造商和政府机构，还包括下游的销售商和客户。

从我国学者的研究现状来看，对于产业集群的定义也有不同的看法。孙伟提出产业集群分为两种类型：一是水平型产业群，即同一产业内的企业以及与之关联度较高的其他产业的企业在空间上的集中分布；二是垂直型产业群，即相互独立的不同产业部门之间由于存在着上下游关系而形成的集合。其中，最具代表性的是国内学者仇保兴（1999）对于产业集群的定义：产业集群是由一群彼此独立但互相之间又有特定关系的中小企业组成，它们之间隐含着专业分工和协作的现象，也存在着企业间的互补与竞争的关系，中小企业间所形成的长期关系无须用契约来维持，而以"信任和承诺"等人文关系来维持集群的运行，并使集群在面对外来竞争者时，拥有其独特的竞争优势。[①] 综合以上观点，我们可以看出，产业集群的主要特点是：大量联系紧密的企业及相关机构以一个主导产业为核心在某一个地理集中的特定区域集聚，可以降低交易成本、获得外部经济、增强创新功能并且还能够吸引外资，促进地区经济发展。

集群经济是指在特定的某个主导产业里相互联系的企业和相关机构在地理上的集中所产生的经济现象。集群经济强调具有技术进步与技术创新的制度优势，是企业竞争优势的来源。集群经济可以产生规模经济，它不仅可以产生厂商内部规模经济，还能够克服企业内部规模不经济的缺陷，带来产业集群外部规模经济。产业集群外部规模经济不同于内部规模经济，它是指产业集群内各企业利用地理集中的特性，通过相互合资合作的方式进行共同生产所产生的规模效果。集群经济还可以促使范围经济的产生，在产业集群中交易成本极低，由多个企业生产的效率更高。综上所述，产业集群发展产生的经济现象谓之集群经济，这是世界范围内的一种重要经济现象。由于集群内部企业除地理位置上

---

① 参见胡宇辰《产业集群支持体系》，经济管理出版社 2005 年版，第 34 页。

的集聚外，还形成大量的信息集聚、资金集聚、技术集聚、政策集聚、人才集聚、权力集聚等，使企业集群能够克服劣势，降低交易成本与监督成本，形成规模经济与范围经济。但是，我们需要注意的是，产业集群发展形成的集群经济有其自身的规律，集群的形成虽然需要政策的指引和关注，但是主要不是靠外力的强制形成，而是靠市场自身发展的内在逻辑自然形成的。

二 集群化发展的几种基本形态

（一）产业集群的几种基本形态

产业集群的形态主要有五种分析：

● 产业区形态

马库森从空间经济组织的角度将产业区分为四种类型：马歇尔式产业区、轮轴式产业区、卫星平台式产业区以及国家力量依赖型产业区（见图 4-1）。

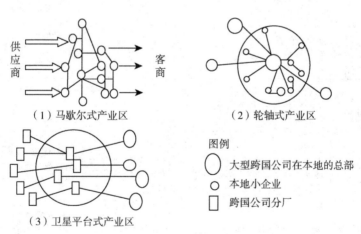

（1）马歇尔式产业区

（2）轮轴式产业区

（3）卫星平台式产业区

图例
○ 大型跨国公司在本地的总部
○ 本地小企业
□ 跨国公司分厂

图 4-1 马库森的产业区形态

马歇尔产业区主要由数量众多的小型厂商集聚在特定区域，区域内企业形成链状生产系统，分别集中在单个环节上。轮轴式产业区的结构是以一个或数个主要的企业为主，一般是集中在特定或固定的产业。卫星平台式产业区则是由跨国公司的分支工厂组成，一般是具有高技术的工厂或公共资助的低税收机构，其中，政府在产业区内扮演着提供有利于商业进行政策的重要角色。国家力量依赖型产业区主要由政府支持，将受保护的产业集聚在一起。

• Peter KnDrringa 和 Jorg Meyer Stamer 的分析

Peter KnDrringa 和 Jorg Meyer Stamer 运用马库森的产业区形态分析方法，通过对发展中国家的产业集群研究，将产业集群发展分为三种形态：意大利式产业集群、卫星式产业集群以及轮轴式产业集群（见表4-1）。

表4-1 Peter KnDrringa 和 Jorg Meyer Stamer 对产业集群形态的分析

项目\类型	意大利式产业集群	卫星式产业集群	轮轴式产业集群
主要特征	中小企业居多；专业化强；地方竞争激烈，合作网络；基本信任的关系	以中小企业居多；依赖外部企业；基于低廉的劳动成本	大规格地方企业和中小企业；明显的等级制度
主要优点	柔性专业化；产品质量高；创新潜力大	成本优势；技术隐性知识	成本优势；柔性；大企业作用重要
主要弱点	路径依赖；面临经济环境和技术突变适应缓慢		
典型发展轨迹	停滞衰退；内部劳动分工的变迁；部分活动外包给其他区域轮轴式机构的出现	升级；向前和向后工序的整合，提供客户全套产品或服务	停滞衰退（如果大企业停滞衰退）；升级，内部分工变化
政策干预	集体行动形成区域优势；公共部门和私营部门合营	中小企业升级的典型工具（培训和技术升级）	大企业协会和中小企业支持机构的合作，从而增加了小企业的实力

• Lynn Mytelka 和 Fulvia Farinelli 的分析

根据 Lynn Mytelka 和 Fulvia Farinelli 的研究，从产业集群的内

在关系出发，可以将产业集群分为三类：非正式集群、有组织的产业集群和创新型集群（见表4－2）。

表4－2　Lynn Mytelka 和 Fulvia Farinelli 对产业集群类型的分析

类型 项目	非正式集群	有组织的产业集群	创新型集群
例子	加纳库巴西 Suame Magazine 汽车零部件集群	尼日利亚 Nnewi 汽车零部件集群、巴基斯坦锡亚尔科特外科手术器械集群	丹麦日德半岛家具业集群、意大利 Bellun 眼镜产业集群
关键参与者参与度	低	低到高	高
企业规模	个体、小	中小企业	中小企业和大企业
创新	几乎没有	有些	持续
信任	几乎没有	高	高
技能	低	中	高
技术	低	中	中
关联	有些	有些	广泛
合作	几乎没有	有些，不持续	局部
竞争	高	高	中到高
产品创新	几乎没有	有些	持续
出口	几乎没有	中到高	高

从表4－2中我们可以看出，非正式集群中的企业之间几乎没有信任与合作，创新率较低，主要由技术较低的独立小企业组成。有组织的产业集群之间关联性不强，企业之间有竞争、合作与创新。创新型集群则是由技术优势的企业组成，企业间信任度非常高，具有持续的创新能力。

● Gordon 和 McCann 的分析

Gordon 和 McCann 的分析认为，集群化发展会有三种类型：纯集聚经济模型、产业复杂体模型以及社会网络模型。纯集聚经济模型强调的是企业在地理上集中；产业复杂体模型是指集群作为区域经济投入产出模型的空间耦合，可以有效降低交易成本并加深企业间联系；社会网络模型是依据人们之间关系、诚信和制度实践形成的高度的地方网络。

· Bermagna 和 Feser 的分析

Bermagna 和 Feser 认为，产业集群的形态可以从连接层面、地理层面和时间层面三个维度来进行分类（见图 4 − 2）。

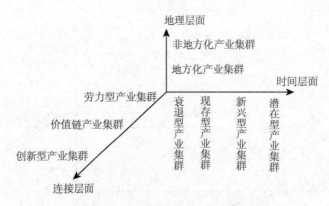

图 4 − 2　Bermagna 和 Feser 对产业集群形态的分类

从图 4 − 2 可以看出，连接层面的集群化发展可以分为三种形态：劳力型产业集群、价值链产业集群、创新型产业集群。地理层面来看，可以分为两种形态：地方化产业集群主要集聚在特定区域，非地方化产业集群是指跨地区集中在多个地区。时间层面的形态按照产业发展的兴衰过程可以分为潜在型产业集群、新兴型产业集群、现存型产业集群以及衰退型产业集群。

（二）中国广告产业集群化发展

根据产业集群理论，我们认为，广告产业集群是指在一个特定的地理区域，大量高度专业化的广告公司和营销传播公司以及相关支撑机构，如科研机构、协会、商会、大学等，以广告为纽带在空间上集聚，并形成持续竞争优势的创新型网络。比如美国纽约曼哈顿著名的麦迪逊大道就集中了美国甚至全球最顶尖的广告公司，这条街成了美国广告业的代名词，是广告产业集群最典型的案例。在广告产业集群的生态构成中，包括了广告主和媒体，它们和广告代理公司形成必不可少的铁三角（见图4-3）。广告产业集群的特点主要包括：广告产业集群的主体是广告公司和整合营销传播公司，除此之外，还有相关的大学、广告行业协会、广告商会、政府机构、科研部门等外围支持体系。广告产业集群内的企业既有竞争又有合作，既有分工又有合作，彼此间形成互动性关联。比如：广告主有业务需要找广告公司，从创意、策划到媒介代理都可以在广告产业集群中的企业"一站式"完成，各个专业化公司分别提供最专业的服务。

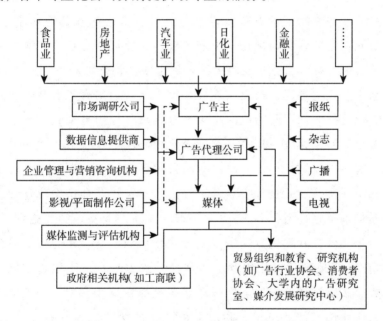

图4-3 广告产业集群生态①

早在 2005 年，我国就已经初步形成三大文化创意产业基地：全国的文化中心——北京——已经形成文艺演出、广播影视、古玩艺术品交易等优势行业；以上海为首的杭州、苏州、南京等长

---

① 邓敏：《我国广告产业集群现状分析》，《当代传播》2008 年第 1 期。

三角创意产业基地，其室内装饰设计、工业设计、广告策划等行业迅速发展；以广州、深圳为代表的珠三角创意产业基地，其广告、影视、印刷、动漫等行业都走在国内前列。从广告业的区域经营额来看，北京、上海、广东一直高居前三甲，其中北京增长率最大，为8.4%；上海增速趋缓，从2007年的12.6%下降到2008年的4.82%，2009年更是下降到1.6%；2009年，广东的广告经营额增长率达到7.4%，三地总和占全国经营额总额47.7%的份额。另外，江苏、浙江、天津、福建紧随其后，排在第二梯队。

在"十二五"规划出台后，这些文化产业基地纷纷按照《文化产业振兴规划》的意见指导，全力打造自己的文化产业基地。比如北京主城区制定规划，未来五年，加速规划建设文化服务功能区。继续提升文化创意集聚区发展水平。整合提升30个市级文化创意产业集聚区，吸引高端要素流入，着力培育具有战略作用的文化功能区和不同特色的文化创意集聚区，引导文化创意产业集群化发展，为进一步提升首都文化中心功能提供有力支撑。上海奉贤区产业结构，导入动漫、影视等创意产业。深圳市早已出台《关于加快文化产业发展若干经济政策》《深圳市文化产业发展专项资金管理暂行办法》《关于建设文化产业基地的实施意见》等若干文件，并提供专项资金支持文化创意产业；东莞更是投资150亿元打造国际文化创意产业基地，致力于打造中国首个国际化数字多媒体产业集群。广告产业应该抓住这个契机，争取能够进入文化创意产业基地，利用文化产业基地的优惠政策和资源，吸引资金和人才，形成自己的广告产业集群。

广告产业集群对于提升中国广告产业整体规模和竞争实力，具有重大的价值和意义。

首先，广告产业集群能够推动中国广告产业的技术创新，建立技术创新机制。熊彼特在创新理论中提出垄断市场结构中企业有垄断利润，可以用于推动技术创新；但是在完全竞争市场中，任何企业都没有富余资金，缺乏资金进行技术创新。完全竞争市场是一种理想状态，是一种不受任何阻碍和干扰的市场结构，又称纯粹竞争。现实中的市场都不具备这些条件，属于理论抽象状态。可见，不论是何种类型的产业集群，集群内的企业聚集必然会加剧竞争，从而推动技术创新。在广告产业集群里，众多高度专业化的广告代理公司和整合营销传播公司必然形成竞争，比如策划公司之间的竞争、创意公司之间的竞争等，竞争程度的加剧必然会推动公司创新和开发新的技术与方式。根据技术创新的方法，广告产业集群内的技术创新模式有三种：自主创新模式、模仿创新模式和合作创新模式。自主创新模式是指广告公司或整合营销传播公司以自身的研究开发为基础，实现科技成果的商业化从而获取利益。模仿创新模式则是指广告公司或整合营销传播公司通过学习模仿集群内率先创新者的方法，然后在破解其核心技术的基础上进行改进。合作创新模式则是广告产业集群内的广告公司之间或公司与科研机构、高等院校之间联合开发新技术。不论是哪种模式，最终都会通过知识溢出效应传播至整个集群内部，有力地推动整个产业集群的技术创新，降低生产成本，增强整个广告集群的竞争优势。

其次，广告产业集群取得网络协同效应，提高广告公司与整合营销传播公司竞争实力，使中国广告市场结构趋于合理。中国广告市场的竞争实力不仅仅取决于单个大型广告公司或整合营销传播公司的服务质量，更取决于整个集群内所有广告公司及整合营销传播公司的服务质量，取决于这个广告产业集群网络中各个公司及机构的伙伴关系。广告产业集群内不同技能、资源和规模的广告公司、整合营销传播公司及其他相关机构相互合作形成了一个动态的网络系统，在这个系统内各个单位合理配置自身资源，利用协同力量共同承担项目，享受利益。中国广告市场的高度分散与高度弱小的状况众所周知；广告公司一直处于劣势地位，媒体和广告主则处于上风，挤占着广告公司的利润空间。建立广告产业集群可以将高度专业化的广告公司和整合营销传播公司联系在一起成立战略联盟，建立媒介购买集团，提高资源利用率，增强和媒体、广告主博弈的实力。因此，我们认为，广告产业集群可以发挥网络协同效应，增强与媒体和广告主对话的实力，提高广告产业规模，改变广告市场结构高度分散与弱小的状况。

三　广告产业集群的政府支持体系

在产业集群的形成和发展过程中，政府需要发挥不可替代的作用，政府和市场的共同作用才能促进产业集群的升级与发展。在现实经济发展中，仅仅依靠"看不见的手"调节经济运行的话，必然会出现市场失灵，因为市场机制的缺陷和不足仅靠其本身是无法克服的，完全竞争状态只是理想的市场状态。因此，要保证经济健康发展，政府支持是必不可少的。尤其对于中国经济发展，任何企业在任何时候都离不开"看得见的手——政府"。世界各国的经济发展经验也表明，产业集群的形成和发展离不开政府支持。比如众所周知的美国硅谷，美国联邦政府在硅谷发展初期制定各种法规政策，如《小企业法》《技术创新法》等鼓励硅谷集群内中小企业的发展；随后通过军事订货支持硅谷发展，在硅谷成立初期，四分之一的订单来自政府；同时联邦政府还设置了多家实验室和研究发展中心直接资助硅谷集群。一般来说，我们认为，政府在广告产业集群的发展中发挥的主要作用是产业引导、市场监管以及公共服务三个方面。

　　• **产业引导职能**

从广告产业集群的形成到发展，都离不开政府对其产业引导，从而形成合适的产业发展格局。首先，政府需要在我国广告产业高度分散、高度弱小的现状下，加强产业政策的引导，促进以高度专业化广告公司与整合营销传播公司为支柱的产业集群的形成和发展。在招商引资时，政府需要重点突出广告与整合营销传播的地位，引导投资方向，为它们的发展创造条件；同时要注意的是，政府在入群企业的选择上，可以通过政策杠杆只允许与广告产业有关联的企业进入，其他不相干或关系不大的企业一律不许进入，避免出现"群而不聚"的现象，影响集群经济的形成。

其次，政府需要针对广告业制定完善的产业政策体系。中国广告市场是接近完全竞争的原子型市场结构，广告公司与整合营销传播公司的实力较弱，在与媒体和广告主的博弈中处于下风，依靠自身实力无法自发形成广告产业集群，迫切需要政府的辅助与支持。但是，我国有关促进广告产业发展的政策几乎一直处于缺位的状态，最早在1993年国家工商行政管理总局印发了《关于加快广告业发展的规划纲要》，其后的十五年间都是空白，没有出台其他的政策法规，一直到2008年国家工商行政管理总局和国家发展和改革委员会发布《关于促进广告业发展的指导意见》，意见明确指出：知识密集、技术密集、人才密集的广告业是现代服务业的重要组成部分，是创意经济中的重要产业，在服务生产、引导消费、推动经济增长和社会文化发展等方面，发挥着十分重要的作用。同时，在意见中还指出要促进广告产业的专业化和规模化，培育大型广告集团。这表明政府高层开始将广告产业的发展放于高度重视的地位，希望接下来政府能够继续出台一些有利于广告产业发展的政策措施。

- 市场监管职能

政府在产业集群中的市场监管作用主要体现在管理好市场秩序，维护好市场环境，尽量保证集群内企业的公平竞争。政府面对市场秩序的维持具有独特的优势，政府本身是规模最大的非市场组织，所具有的强制力能够促使广告集群秩序井然，实现规模效益。在我国广告市场中，广告监管主要依靠各级工商管理机关进行政府监管，行业自律能力较弱。因此，对于我国广告产业集群而言，首先，政府需要设立政府机构承担主要的市场监管职能，除工商、税收、制定交易规则等市场管理职能外，还包括帮助集群内广告公司争取平等竞争市场机会、建立相应的产权制度体系、管理集群内广告市场环境等职能。其次，政府需要协助设立集群内的广告行业协会，将广告公司与整合营销传播公司集合在一起，适度干预，力争通过行业协会发挥行业自律职能，实施一定程度的市场监管职能。最后，在市场监管方面，政府需要配套相关法律法规。广告业的法律法规严重滞后于广告自身发展，比如《广告法》自 1995 年 2 月 1 日起生效，近二十年间未曾有过修改，许多地方已经不适用于我国广告产业的现实发展。一直到 2014 年，《广告法（修订草案）（征求意见稿）》才完成网上公开征求意见工作，6 月，国务院总理李克强主持召开国务院常务会议，确定进一步简政放权措施促进创业就业，部署石化产业科学布局和安全环保集约发展，讨论通过《中华人民共和国广告法（修订草案）》。

- 公共服务职能

公共服务职能是政府在产业集群中最重要的一点职能，也就是说产业集群的发展需要公共服务型政府，政府要为集群的形成和发展提供各项服务。随着广告产业集群的发展，对于公共服务的要求会越来越多，也越来越高。建设发展广告产业集群需要现代化的基础设施、产业区规划、信息网络、道路交通等，这些都是政府需要提供的公共服务。政府具有较高的权威和信任度，对于政府而言，应该利用自身优势在产业集群内成立相关机构，如媒介研究中心、大学机构以及其他广告专业性机构，同时还要引进专业广告人才，增强集群内的中小广告公司及整合营销传播公司的实力，促进广告产业集群的发展。广告业是人才流动较快、创新思想不断的产业，在广告产业集群内，新旧企业的交替也会比较快。如果经营不善的旧企业出不去，新企业进不来，企业无法按照一定的规则自由出入集群，就会导致原有的产业集群竞争力减弱，集群效应逐渐僵化。政府需要对产业集群加以扶持，创造条件并制定一定规则使广告公司和整合营销传播公司能够按照发展水平自由出入集群产业，新公司会带入新思想、新技术和新人才，从而淘汰原有的经营不善的公司，促使集群结构重组优化，提高整个广告产业的竞争力，实现广告产业的升级和转型。虽然广告产业的升级和转型应该主要依赖于集群自身的组织能力，但是，需要注意的是，产业集群最容易出现的问题就是集群内同一产业的企业简单地聚集在一起，层次较低，无法实现自我发展。中国的广告产业一直处于高度分散、高度弱小的状态，单一广告公司和整合营销传播公司很难通过自我积累的方式实现发展壮大。因此，即使成立了广告产业集群，政府也最需要引导和支持集群内企业进行技术改造和技术升级，协调科研机构与产业集群的联系，引导成立大型的广告集团，以促进广告产业升级，实现广告产业的规模化发展。

第二节　规模化：中国广告产业发展的必然趋势

一　全球经济的规模化发展趋向

全球经济自 20 世纪 50 年代开始复苏发展，尤其是西方欧美发达国家，进入了经济快速恢复增长期。以美国为例，"二战"结束后，为了保护国内工业发展，美国大力推行经济开放的多边贸易政策。从战后至 60 年代末，美国实行的对外开放政策对美国的经济转型产生了重要的影响：美国制造业的劳动生产率和产量上升，重工业比重超过了轻工业，美国产品出口和国民生产总值在世界经济中的比重迅速上升。这些都为美国实现向高新技术产业和第三产业转型提供了经济技术前提。在这一时期，以美国为首的西方发达国家随着经济的繁荣，企业之间竞争加剧，对广告代理的需求不断增长，促使了广告代理公司的不断形成与壮大。广告在欧美国家企业营销中的地位不断升高，逐渐占据了核心地位，广告代理公司之间也开展了大量收购和兼并活动，逐步形成大型广告集团。1962年，美国前十家广告公司经营额占其全国广告公司总经营额的38.1%，1966年这一比例则上升到41.7%。1966年，智威汤逊广告公司、BBDO广告公司、扬·罗必凯广告公司、李奥·贝纳广告公司等营业收入都在1亿美元以上，在当时全美和全世界都属于最大的广告公司。

自20世纪70年代起，由于西欧和日本经济的快速恢复和发展，美国在世界产业分工和贸易结构中的地位受到巨大挑战。1972—1982年十年间，美国进口汽车占国内市场份额从8%上升到20%，钢铁、一般机床、纺织服装、家用电器产品的进口就更加突出。经济的衰退使得美国许多广告代理公司纷纷裁员并增加服务项目，以此获取额外的经营收入。[①] 这一时期受经济影响，广告公司纷纷开始调整营销战略，思考广告公司的转型问题，开始从单纯的广告服务向专业化的营销传播服务转变。20世纪80年代以来，欧美发达国家广告公司之间并购事件接连发生，发端于80年代，集中于2000年左右，从而产生一些大型跨国广告集团。比如WPP、Omnicom Group、IPG、阳狮、电通等跨越全球的五大广告集团。美国的几家大型广告集团占据了美国全国广告经营额的主要部分，集中度相当高。早在2002年美国广告行业前四大广告集团的市场占有率就已高达69.4%，属于高度集中的寡占型市场结构。另外，作为世界广告大国的日本也不例外，2004年日本广告公司前4名

---

① Rigg, Cynthia and Alan, Crumbling Empire, *Crain's New York Business*, May 8, 1989, pp. 31 – 35.

的市场占有率为 46.3%，前 5 名的市场占有率为 53.2%。

20 世纪 90 年代以来，经济全球化的影响和世界经济的规模化发展趋势，给广告市场带来了一片繁荣的景象。自 1993 年起，世界广告业不断发生变化，广告公司规模不断地扩大，大型广告公司的数量减少，市场集中度不断地提高。十年间排在前十名的广告公司不断发生变化，不少广告公司连名字都已经被忘记，离开了广告圈。并购和收购行为的频频发生促使广告公司越来越集中在几家大的广告集团手里。广告集团的收购不再限于以往大型广告公司收购中小广告公司，而是进入到发展快就领先、慢一步就被淘汰的新经济时期的资本运作模式。大型广告集团的发展模式，大都是一开始在本土设立新业务开拓市场，通过兼并与收购等方式实现规模化发展，成长为本土的优秀大型广告公司。随后，当广告公司在本土有了足够的现金流量和发展实力时，就跟随客户的脚步到国外发展，拓展全球市场业务，通过以合资与并购为主体的资本运营使广告产业高速集团化，从而迅速成长为大型广告集团。比如，WPP 集团在 1987 年收购了智威汤逊——全球最老的一家广告代理公司，擅长大众品牌的创建与传播，这是 WPP 第一次成功的敌意收购，获得了伟达公关公司；随后，WPP 收购了奥美集团，成为当时全球最大的广告集团；扬雅 1999 年世界排名第 7位，收入 18 亿美元，WPP 将其纳入囊中后获取了庞大的业务资源和新市场；2000 年开始，WPP 收购 CORDIANT 集团，该集团本身营业收入排名全球第 9，WPP 因此开拓了亚洲和拉丁美洲市场；2003 年全球排名第 7、营业收入 13.07 亿美元的精信 GREY 全球也难逃被收购的命运，给 WPP 集团增加了一系列大客户。

跨国广告集团的全球扩张也没有放过中国。1979 年中国重开广告市场，国际广告集团就纷纷锁定了发展潜力巨大的中国市场。最早进入中国广告市场的跨国广告集团是 WPP 集团，于1984 年在北京建立伟达公关公司。1986 年上海奥美广告公司的成立标志着 WPP 正式开始代理客户的中国市场业务。此后智威汤逊、奥美公关、传力媒体等相继进入，组成了 WPP 在中国的航母战队。全球最大的广告集团奥姆尼康对中国市场的进入稍晚于WPP，1991 年在上海建立了天联广告，时至今日，BBDO 天联、恒美、李岱艾（TBWA）、浩腾媒体共同构筑了这个集团在中国的事业版图。2005 年底全面实施 WTO 规则，根据入世后中国政府对于广告业开放的承诺，2005 年 12 月 10 日后允许外资在华设立独资广告公司。这意味着外资从此完全取得国民待遇，可以不受政策限制，跨国广告集团下的不少合资广告公司纷纷急于脱离"合资"的帽子，展开新一轮的扩张，纷纷独资，以谋求利润最大化。在政策允许的前提下，灵智、扬·罗必凯、精信、天联等跨国广告集团在华设立的合资公司相继选择了独资。这也说明了跨国广告集团在大资本运作背景下加快了在中国的并购扩张。中国广告业近 20 年的数据统计显示，每年广告公司营业额前十名本土广告公司逐渐减少，合资广告公司逐年增多，同时，排名靠前的合资广告公司收入也远远高于本土广告公司。

二 规模化：转变经济发展方式的重要内涵

转变经济发展方式，既要求从粗放型增长转变为集约型增长，又要求从通常的增长转变为全面、协调、可持续的发展。十七大提出要将"加快转变经济发展方式"作为关系国民经济全局紧迫而重大的战略任务。

加快转变经济发展方式主要加快推进经济结构调整，把调整经济结构作为战略重点，加快推进产业结构调整，适应需求结构变化趋势，完善现代产业体系，加快推进传统产业技术改造，加快发展战略性新兴产业，加快发展服务业，促进三次产业在更高水平上协同发展，全面提升产业技术水平和国际竞争力。加快转变经济发展方式，推动文化产业成为国民经济支柱性产业的大局，一方面要求文化产业为国家经济发展方式转变做出贡献；另一方面要求文化产业不断扩大产业规模，加快产业结构调整和升级，提高文化产业在国民经济中的比重。我们要注意的是，大力推进经济结构调整优化，加快经济发展方式的战略性转变，其中最重要的举措是推进支柱产业规模化，加快建设现代产业体系。这也就意味着，规模化是转变经济发展方式的重要内涵，不仅加快发展文化产业需要实现规模化，加快推进生态文明建设和推进农业发展方式转变都需要规模化。

《新闻出版业"十二五"时期发展规划》指出要全面提升新闻出版产业水平和国际竞争力，提出形成 10 个左右具有较强辐射能力的报刊出版产业集聚中心，打造 10 家左右跨地区、跨行业、跨媒体经营的大型国有报刊传媒集团，建设专业学科领域内具有国际影响力的品牌学术期刊群。进一步加快建设新闻出版产业带、产业园区和产业基地，继续推动长三角、珠三角、环渤海等新闻出版产业集群、产业带建设，提升新闻出版产业集中度。可见，提高集中度，大力发展产业集群，建设大型传媒集团，实现新闻出版业的规模化发展是国家经济战略的必然要求。

产业处于规模化阶段时，产业主导技术趋于成熟，风险趋于零且能获取日益明显的收益；产业规模化对资金的需求量会日益增大，从而引起投资的风险也日益增大；产业规模化的速度主要取决于技术创新的速度，技术创新速度的扩散可以推动产业的规模进一步扩大。

规模化的基本理论是规模经济理论（Economies of scale），是指一家厂商的平均成本会随着产出增加保持不变、上升或下降。如果产出增加，平均成本下降，厂商被称为规模经济；如果产出减少，平均成本上升，则该厂商具有规模不经济。此时，"经济"就是"效益"的意思。

规模经济对于产业的生存和发展具有至为重要的意义。规模经济效应可以促进企业不断扩大规模，从而使得产业的经济总量不断增大，生产效率和技术创新能力也能随之得到提高。随着产业规模的不断扩大，产业的内部结构也不断得到优化，小部分实力较强的企业会通过规模化经营吸引资源集中，在产业内形成以少数大型企业为主导的专业化分工的一种市场结构。全球经济在不断地走向规模化趋势，从而也影响了广告业的发展，不断进行扩张走向规模化发展。

众所周知，西方知名的几所大型广告集团几乎瓜分了全球广告营业额的一大半，更多的中小广告公司在仅剩的狭小空间内极难生存，市场份额越来越小，最终面临的不是被吞并就是破产消失。它们采用的手段通常是直接收购与兼并，或者先成立合资公司然后伺机独资。可以说，跨国广告集团的规模化发展加快了发达国家广告业的转型历程。数据显示，自 1993 年起，WPP、Omnicom、IPG、阳狮以及电通五大集团就已经显示出对全球广告市场份额的占有比例极大。1993 年，五大广告集团占据了全球广告市场份额的 46%，1998 年上升到 53%，2003 年达到了 66%，2005 年略有下降但依然占据了53%。[①] 从这组数据中我们可以看出，大型跨国广告集团的规模化集中了大部分优质资源，有力地促进了发达国家广告业的发展。

三　从集群化走向规模化

（一）广告产业从集群化走向规模化

按照产业集群的定义来看，大量联系紧密的专业化企业及相关机构（包括大学、科研部门、政府机构等）以一个主导产业为

---

① 数据来源：廖秉宜：《自主与创新：中国广告产业发展研究》，武汉大学，博士学位论文，2008 年。

核心在某一个地理集中的特定区域集聚形成创新型网络。严格来说，我国尚未形成真正意义上的广告产业集群，只能称为广告产业集聚。产业集聚和产业集群是区域经济发展的两个不同阶段，产业集聚是指同一类产业或不同类产业及其在价值链上相关的、支持的企业在一个地区的集中与聚合。① 我国北京、上海和广东地区的区域经营额占据了国内广告业的半壁江山，但是，三个区域的广告产业发展仅仅是大量广告公司和媒体公司在一个地区的集中和聚合，仅包括了自然资源、劳力、资本和技术，形成产业实体的产业链与增值链。这些地区尚未形成制度环境的生产要素，缺乏非实体间的产品链、价值链和信息链，集聚环境中也没有相关的大学和政府机构，更重要的是它们未形成大量专业化广告公司和整合营销传播公司，缺乏构筑区域经济的核心竞争力。

理想的广告产业集群应该是广告代理公司、广告主与媒体三者之间呈现平衡的三角关系，彼此相互影响、相互制约。但是，在我国的现实广告市场，广告代理公司、广告主与媒体之间往往呈现出失衡的状态，广告代理公司在与另外两个主体的博弈中处于下风，受到广告主与媒体的制约，无法掌握话语权。真正的广告产业集群应该是国际上已经形成的纽约、伦敦和东京三大广告业中心。纽约的麦迪逊大街是全球广告人的集散地，也是智威汤逊、奥美、李奥贝纳等知名广告公司的发迹地；日本东京是仅次于纽约，全球排名前 100 名的广告代理商中日本占据了五分之一之多；英国伦敦苏荷区的"广告村"更是世界创意之都，甚至引发了世界广告中心由纽约转向伦敦，即所谓的广告业"第一次浪潮"向"第二次浪潮"的演变。②

市场结构的垄断程度决定了产业的集中或是分散，因此，企

---

① 黄建康：《产业集群论》，东南大学出版社 2005 年版，第 20 页。

② G. Grabher, *Ecologies of creativity: the village, the group, and the hierarchic organization of the British advertising Industry*, Environment and peanning A, 2001, 33 (2): 351–374.

业所处产业的产业特征决定了企业是否需要扩大规模，实现规模化发展。企业竞争并不是都能引起产业集中，产业集中的程度取决于规模经济和范围经济效应形成的力量大小，还受市场容量、知识技术以及社会文化等因素的影响。也就是说，规模经济和范围经济的不同，会导致不同产业的集中度也不同。比如有些产业已经存在规模效应了，那么实现产业集中的方法一般是发展大企业，要注意的是，企业规模也不能太大，否则会影响企业内部管理效率，从而导致企业失去竞争力甚至使整个产业面临着风险。广告产业的规模经济与范围经济的效应都不是太明显。但是，对于广告产业而言，随着竞争加剧，不少大型广告集团和中小型广告公司都有较高的工作效率与利润，逐渐显现出了部分规模经济和范围经济效应。此时，我们需要做的是，大型广告集团借助雄厚的资金规模、优秀的广告人才、成熟的产业链、丰富的营销传播经验、规范的营销传播经营模式等，服务于全球的大型优秀企业，将规模扩张至全球市场，从而扩大规模经济效应。中小型广告代理公司则需要实现转型，走专业化之路，不能光靠广告一种营销方式，应该组建专门的整合营销传播部门或整合营销传播公司以实现范围经济效应。

产业集群理论还提出，激烈变动的外部环境对于企业的研究开发提出了三点基本要求：不断缩短开发时间、降低研究开发成本、分散研究开发风险。[①] 对于广告产业而言也一样，任何一个广告公司，面对一个新产品或品牌，完整地将广告运动的各个部分都做完的话，常常会受到自身能力有限、信息不完全以及广告主和媒体的态度等因素的影响，需要付出很高的代价。而且随着数字技术引起的新媒体日益碎片化，开发的成本越来越高，也具有较大的风险。在这种状况下，广告代理公司自然需要通过建立

---

① 参见胡宇辰《产业集群支持体系》，经济管理出版社 2005 年版，第 50 页。

联盟和扩大信息传递范围以避免重复劳动和资源浪费，从而降低风险。同时，经济全球化与数字技术的发展，提出了广告产业需要在相当大的规模和不同的多样营销传播手段中进行发展，以实现最大效应的规模经济和范围经济。

在某一特定市场上，规模经济水平越高，大企业的效率越高，其竞争能力越强，在市场上所占市场份额也就越大。那么，广告产业集群是实现规模经济和范围经济效应的重要途径。在广告产业集群内，大型广告集团可以借助集群内的资源和支持实现自身规模的扩大，同时也可以便利地通过收购、兼并、并购等方式将其他广告代理公司、媒体或整合营销传播公司纳入囊中，从而提高规模经济效应。对于集群内的中小企业而言，广告公司和整合营销传播公司可以利用群内的资源、品牌、资金和信息等要素进行优势互补，或者通过合并成立大型广告公司，或者互相合作成立战略伙伴关系，相互传递信息，实现群体效益，从而提高规模经济和范围经济效应。

因此，我们认为，广告产业走向集中后，产业能够实现规模扩张，生产成本得到降低，具备成本领先的优势；也有利于扩大经营范围，服务品牌增多，从国内扩展到全球，提高生存应变能力；对于集群内的大型广告集团而言，可以推行直接上市、分拆上市等多种方式进行资本运营，实现资本扩张。总而言之，广告产业集群的建立，将促使广告产业走向集中，最终实现规模化发展。

（二）联合与并购：组建中国本土广告集团的途径

我们知道，积极发展广告产业集群将促使广告产业高度集中，从而实现规模经济，广告产业最终达到规模化发展。在广告产业集群中，中国广告业走向规模化的必由之路是组建中国本土广告集团。如何组建本土广告集团呢？我们给出的建议是：采用联合与并购两种方式。中国本土广告代理公司长期以来都是通过自我资本积累的方式进行发展，扩张速度缓慢，在跨国广告集团强势并购的挤压下，几乎没有了扩张的空间。在这种状况下，我们提出，联合与并购是组建中国本土广告集团的最好途径。

1. 联合：广告公司发展壮大的短期战术

联合指两个或两个以上的企业为了达到共同的战略目标而采取的相互合作、风险共担、利益共享的联合行动。联合一般通过交换资源或服务，来提高企业自身的竞争优势，联合的企业仍各自保持法律和经济上的独立性。其可操作形式主要有股权联盟和协议两种方式。股权联盟：一是通过股权来合资经营；二是通过少数股权进行战略投资，实现某些领域或方面的联盟。而协议则是依据双方的合作意向，通过协议方式实现在某一领域或方面的合作经营，如在技术、研发、营销、资金、管理等方面。表面看上去，联合这种方式避免了直截了当的收购，而是采取多种多样的形式。事实上，它们的目标与传统的并购并无二致。与并购相比，联合是企业迅速发展壮大的一种短期战术。其逻辑就是，两家或两家以上的公司将自己的资源凑到一起，就可以更容易迅速地达到它们的共同目标，实现一定程度的规模经济。比如，2005年之前，我国不允许跨国广告集团独资进入，于是，为了能够打开中国市场，扩大自己的规模，它们采用了联合中的合资经营方式，在中国设立合资公司。待2005年底中国全面实施WTO规则，根据入世后中国政府对于广告业开放的承诺，2005年12月10日后允许外资在华设立独资广告公司，这些跨国广告集团纷纷将旗下的合资广告公司转化为独资，以谋求利润最大化。比如1991年，Omnicom集团旗下的BBDO广告公司与新华社下属的"中国联合广告总公司"合资成立了天联广告，2006年开始独资；1992年，WPP集团旗下的精信广告与中信集团属下的国安广告合资成立了精信（中国）广告有限公司，2007年7月7日，精信广告在中国也实现了独资；还有IPG集团旗下的灵狮广告与1996年8月与光明日报社合资成立了上海灵狮广告有限公司，2006年3月，上海灵狮广告也成为独资。

中国广告业面临着跨国广告集团的强势进入，培育大型本土广告集团是当务之急。长期以来，中国本土广告公司一直以来都采用的是内部资本积累的发展方式，即利用企业内部的资源和条件，伴随自我成长累积的资本或自己寻找资金和资源，来推动企业的进一步扩张。在跨国广告集团强势的并购趋势下，不少优秀的中国本土广告公司被纳入囊中，中国亟须成立大型本土广告集团。但是，中国本土广告公司资源有限，实施并购并不是一件容易的事情，所以，最快速的方法就是广告产业集群内的两个或两个以上广告代理公司或营销传播公司，通过股权联盟或协议的方式实现战略联合，这样能够迅速培育出大型本土广告集团与整合营销传播集团，来与跨国广告集团抗衡。

2. 并购是广告公司迅速成长的长期战略

与联合相比，并购在市场驱动下是更为普遍的选择。并购的概念源于西方，是指一个企业购买其他企业的全部或部分资产或股权，从而达到控制其他企业经营管理的目的。并购分为狭义和广义两种含义，狭义的并购包括兼并与收购两种方式，一般习惯放在一起称为"并购"。广义的并购则是指企业资源得到优化配置，从而使企业效率能够得到最大化。美国著名经济学家乔治·斯蒂格勒曾说过："一个企业通过兼并其竞争对手的途径发展成为巨型企业，是现代经济史上一个突出的现象——没有一个美国大公司不是通过某种程度、某种方式的兼并而成长起来的，几乎没有一家大公司主要是靠内部积累成长起来的。"[①] 并购一般采用三种途径：横向并购、纵向并购以及混合并购。我们在前文中分析过，中国广告产业集中度极低，产业经济学研究表明在集中度

---

① [美] 乔治·斯蒂格勒：《产业组织与政府管制》，上海三联书店1989年版，第3页。

偏低的产业内实施横向并购不会形成垄断和产生反竞争效应。我们要注意的是，并购并不是简单的企业合并、联合、拆分、收购，而是要通过多角度全方位的观察，以能够发挥企业间协同效应和增强企业核心竞争力为目的进行兼并与收购。

跨国广告集团扩大规模最常采取的方式就是并购，我们以WPP集团为例。马丁·索瑞尔1977—1985年在英国著名广告公司盛世广告做财务总监，专门负责公司在英国和美国的收购活动。1986年，马丁·索瑞尔辞职，带着67.6万美元购买了Wire & Plastic Products（简称WPP）公司的30%的股权，并于次年成为公司总裁。WPP公司在当时是一家生产专供超市用金属购物手推车公司，马丁·索瑞尔对此毫无兴趣，立志将WPP建设成为广告业的一个优秀品牌，公司业务从购物车转到了广告业。马丁·索瑞尔在接下来的18个月内进行了15项收购，充分发挥了其在盛世广告练就的专业才能。1987年，WPP以5.66亿美元收购智威汤逊公司（J. Walter Thompson）及其下属的公关公司伟达（Hill & Knowlton）。1988年，WPP在英国NASDAQ上市融资。次年，WPP以8.64亿美元强迫收购奥美广告公司Ogilvy Group，成为全球最大的广告和媒体集团。而公司的工业部门仍然生产室内浴室和厨房架。2000年，WPP以47亿美元收购全球第七大广告公司扬雅广告（Young & Rubicam）。2002年，WPP收购了当时世纪十大广告集团之一博报堂25%的股份。同年6月WPP集团旗下的奥美公关并购中国公关公司北京西岸，组成西岸奥美信息咨询服务公司。2003年，WPP以4.43亿英镑收购Cordiant集团（旗下拥有Bates、达彼思广告）。2004年，WPP再次购买美国的精信广告集团（Grey Global Group），获得了精信环球广告和Mediacom等。2008年9月，WPP获得欧盟的同意，以11亿英镑收购全球第二大市场研究公司TNS（法国索福瑞集团）。通过兼并与收购，WPP集团已经遍及全球107个国家，拥有271个公司共计

13.8 万名员工。2009 年的全球营业收入达到了 136 亿美元，位居全球第一。

从欧美跨国广告集团的发展中我们可以看出，并购是广告公司迅速发展壮大的必经之路。一般来说，广告公司的并购会经历横向并购，然后纵向并购，最后混合并购。对于中国广告公司而言，基本也应遵循这一规律进行并购。最初进行横向的同一专业领域的并购，比如广告设计公司之间的并购，广告创意公司之间的并购，媒介购买公司之间的并购等，这种横向并购可以快速地获取新客户，扩大市场范围。随着横向并购的增多，大型的专业化广告公司和营销传播公司开始增多，为了满足企业全面广告代理的需求，专业化广告公司和营销传播公司开始纵向并购。比如专业化广告公司只是在某个领域进行作业，如广告创意公司、广告策划公司、市场调研公司、媒介购买公司等。这时，集群内的某个实力雄厚的公司，甚至可能是像 WPP 集团的前身那样的业务不相关的实力雄厚的公司，将以上涉及广告运动各个环节的专业化广告公司兼并收购，建成一个大型的广告集团。专业化的营销传播公司也一样，本来是集中于公关、促销、展会行销、客户关系管理等某个专业领域，通过向价值链的上游或下游拓展自己的边界，将营销传播的各个领域都纳入囊中，从而提高整合营销传播的能力。伴随着经济的日益繁荣，广告主不再仅满足于广告营销手段，迫切要求其他的营销传播手段，此时，大型广告集团根据市场环境和传播环境的改变，并购和联合有实力、有规模的营销传播公司，形成提供包括广告、促销、公关等在内的整合营销传播代理服务的中国本土大型广告集团。

我们要注意的是，跨国广告集团早在 20 世纪 80 年代的时候就对中国广告市场虎视眈眈，通过合资控股到独资到并购不断蚕食着国内广告市场，对中国本土广告公司的发展造成了极大的威胁。中国本土广告业目前是高度分散、高度弱小的状况，完全不能抵御跨国广告集团的强大资本的收购和兼并。这一问题也已经引起了政府高层、广告学界和业界的高度重视。学界认为中国广告业需要向日韩学习，在政府政策的高度支持下，走媒介、企业、广告共生型的产业发展之路。[①] 我国国务院办公厅于 2011 年 2 月 3 日出台了《关于外资并购境内企业安全审查制度的通知》，该通知针对经济全球化的深入发展和我国对外开放的进一步扩大，外国投资者以并购方式进行的投资逐步增多的状况，提出并购安全审查内容包括并购交易对国防安全，包括对国防需要的国内产品生产能力、国内服务提供能力和有关设备设施的影响；对国家经济稳定运行的影响；对社会基本生活秩序的影响；对涉及国家安全关键技术研发能力的影响。审查程序方面，外国投资者并购境内企业，由投资者向商务部提出申请。对属于安全审查范围内的并购交易，商务部应在 5 个工作日内提请联席会议进行审查。此后，联席会议首先进行一般性审查，对未能通过一般性审查的，进行特别审查。[②]广告业在国民经济中占据了重要地位，广告产业发展与中国经济的发展也具有很强的正相关性，由此可见，中国广告业的发展对国民经济的稳定运行和社会基本生活秩序都有重大影响。在跨国广告集团强势并购的背景下，我们有理由相信，这一通知的出台对于限制跨国广告集团在中国的并购有一定的效果，中国本土广告公司也应抓紧这一机会通过联合与并购孵化出本土大型广告集团，提升中国广告业的国际竞争力。

---

① 陈永、张金海等：《中国广告产业将走向何方》，《现代广告》2006 年第 7 期。
② 国办发［2011］6 号《关于建立外国投资者并购境内企业安全审查制度的通知》，2011 年 2 月 3 日。

第五章 广告产业形态的转型

产业形态的转型是产业发展的基础,只有对产业形态的转型做出深入研究,才能为产业转型做出符合现实需求的理性选择。本章将在数字传播和整合营销传播背景下探讨广告产业形态的转型。由于广告产业边界日益模糊,催生了大量新的市场领域,本书认为,在广告高度专业化发展的基础上,以广告为工具实现对营销传播的整合,并顺应数字传播背景下媒介融合的趋向,建立大广告产业的概念,实现广告产业业务重心的转移,进而在此基础上实现广告产业链的重构和广告公司组织结构的重建。

第一节 产业边界的模糊与"大广告产业"
概念的建立

一 广告产业边界日益模糊

产业是指由提供相近产品和服务,或使用相同原材料、相同工艺技术,在相同或相关价值链上活动的企业共同构成的集合。从产业的定义中可以看出,所谓广告产业,是指提供广告业务或相关营销传播服务的广告公司与承揽发布广告的广告媒介在同一市场上的相互关系的集合。其主体是广告公司和广告媒介，主导是广告公司。

在传统的产业格局下，产业界限比较固定，市场规则相对明确，产品概念比较清晰，产业内不同企业提供的产品和服务可以构成产业边界的格局，市场竞争发生在明确的产业和市场边界的范围内。在传统的广告产业格局中，市场构成以广告公司和广告媒介为主，广告公司提供广告创意、策划、广告设计制作以及媒介发布和广告效果测定等广告运动环节；广告媒介则以大众传播媒介为主，不同类型的大众传播媒介形态各异，各自具有相对固定的广告市场份额：比如，电视的传播手段多种多样，广告形式最为直观，所占广告份额居首，报纸因传播迅速、发行量大和费用较低等优势，所占广告份额仅次于电视广告。在传统广告产业格局中，市场范围较为稳定，广告运动环节之间环环相扣不容替代，不同类型的广告媒介间替代弹性较小，企业关注的是同类产品竞争对手的市场策略。

但是，数字技术的发展引发了产业融合。在产业融合的过程中，原先固定的产业部门开始相互交叉和渗透，各部门之间转变为相互竞争，数字技术使产品特征发生改变，原有产业内以及不同产业间的产品呈现出越来越大的替代弹性，广告产业的传统边界日益模糊。

广告产业边界的模糊化带来了以下两个方面的影响：

第一，改变了原有市场竞争的格局。数字传播背景下，广告市场边界的变化破坏了原有的进入和退出壁垒，市场的新进者对原有参与者形成冲击，改变着市场竞争的格局。比如，数字技术尚未被广泛应用前，电视、广播、报纸、杂志四大广告媒介基本占据了整个广告市场，最高曾达到80%。伴随着数字技术的广泛应用，网络、手机等新兴媒体的崛起，新媒介形式逐渐抢占了大半份额，四大传统媒介的广告份额全面下降。

第二，催生了新的市场领域。数字技术在广告产业边界处不断催生新的市场领域，值得注意的是，这些新领域的出现不是重新划分原有的市场，而是基于数字技术的应用和市场格局的变动而产生的新领域。比如，手机广告就是通信业与广告业融合而产生的新业务领域。

二 广告产业形态转型——多元 "大广告产业"

在数字传播背景下，广告的未来发展趋势是以广告为工具整合其他营销传播手段。目前的状况是，各类营销传播代理结构都希望能以自己为核心整合其他营销传播手段，从而掌控营销传播的主导权。但是，事实上是，其他营销传播工具的服务还没有完全推广起来，相比较而言，广告服务是发展较为成熟的，广告公司也比其他营销传播代理商能合理采用多种营销传播手段。因此，未来广告业将成为整合营销传播的核心产业，以广告为工具整合其他营销传播手段。

数字技术消除产业间的技术进入壁垒，使广告产业的传统边界趋于模糊，甚至逐渐消失。这种产业融合趋势日益明显，广告产业形态开始发生转型。产业经济学的产业融合理论认为，随着产业融合的发展，包括产业组织、产业结构和产业布局等在内的整个产业形态将发生根本变化。[①] 因此，随着广告产业成为整合营销传播的核心角色，广告业引领产业内相关业务领域的融合正在逐步形成，广告产业形态也必将发生重大改变。我们认为，这种改变在营销传播领域的实践体现为：广告产业由提供单一广告

① 程明、姜帆：《整合营销传播背景下广告产业形态的重构》，《武汉大学学报》（人文科学版）2009 年第 4 期。

代理服务走向提供广告、公关、促销以及营销咨询等多元化服务的"大广告产业"。

"大广告产业"是指基于营销传播领域的产业融合所形成的跨越传统广告产业边界的产业形态。广告产业形态由单一向多元"大广告产业"转型的核心是在整合营销传播的背景下，以广告产业整合企业营销传播服务的相关领域，为企业提供真正合适的整合营销传播代理。其多元化主要体现在两个方面。

首先，"大广告产业"主要体现在广告产业由提供单一广告代理业务走向提供广告、公关、促销、营销咨询、事件行销等多元化服务业务。这意味着在整合营销传播时代，需要将广告、公关、促销、营销咨询、事件行销等多种营销传播工具进行融合，以满足企业对整合营销传播的需求，提高整个广告行业的竞争力。在实现融合后的大广告产业中，毋庸置疑，广告业仍然处于明确的核心地位，通过发挥广告的主导作用，扶持和吸纳正在发展中的其他各种营销传播服务的新形式，推动整合营销传播服务的发展，完善整合营销传播服务体系。广告由单一的广告营销向整合其他多元营销传播手段转变，这一趋势势必要求广告代理公司随之发生变化。企业会要求广告公司不仅要提供广告业务，而且希望能够为其提供整合营销传播服务，咨询、市场调查、公关、促销等领域的服务已经成为当前市场环境下企业的迫切需要和广告公司的新的盈利增长点。欧美发达国家的广告代理公司自20世纪80年代起就已开始在专业化分工的基础上重新进行整合，诞生了WPP、奥姆尼康、阳狮、Interpublic等独立大型的跨国广告集团。这些跨国广告巨头的前身均是广告代理公司，为顺应整合营销传播的市场需求，通过并购联合等方式形成跨国广告集团，负责广告主的广告、促销、公关、营销咨询等各种传播活动的统一运作，其实质就是整合营销传播集团。对于中国广告代理公司而言，也应该适时调整经营战略，集中力量发挥优势，不仅为企业提供广告服务，同时也提供其他营销传播服务，实现业务重组。

其次，"大广告产业"还意味着广告产业与其上下游产业及其他相关产业之间的融合。信息社会的"大传媒业"是由信息业、通信业和传媒业融合的产业，创意产业又是"大传媒业"的灵魂所在，隶属创意产业核心的广告业也需要和信息业、通信业以及传媒业进行融合，创造出新的产业。比如，植入式广告就其本质来说就是传统广告业和传媒产业的融合结果，这种相互渗透和融合可以形成新的产业和市场，从而拓宽了产业发展空间。植入式广告从电视、电影、出版等领域扩展至游戏、音乐、数据库等新的市场领域，不少跨国广告集团为植入式广告专门成立广告公司，如 WPP 集团旗下的 Mindshare Entertaiment 公司，以及阳狮集团旗下的 Zenith Optimedia 等。

三　高度专业化建构广告公司的核心竞争力

（一）泛专业化与中国广告产业核心竞争力的消解

在多元大广告产业形态中，大广告产业的整体建构尚不够成熟完善，初期阶段的种种缺陷也会给广告产业带来负面影响。其中，最为严重的一个负面影响就是泛专业化与中国广告产业核心竞争力的消解。

目前，中国广告产业的泛专业化问题严重，泛专业化正逐步消解着广告公司的核心竞争力。长期以来，我国广告业小规模、零散化的运作方式，以及低级的、无序的竞争状态决定了核心竞争力缺乏的现状，并且无法适应现代营销传播环境的改变。

在第五章中，我们讲述了世界范围内的广告产业第一次转型发生在 19 世纪中后期，为了满足广告主的需求，广告业开始由单纯的媒介代理走向媒介与客户双重代理。单纯的媒介代理只是一种媒介销售，具有可替代性，在向媒介与客户双重代理转型时，广告公司已经开始提供文案撰写、广告设计与制作、市场调查等广告运动的项目，这意味着广告公司已经开始朝独立化与规模化的方向发展，意图获得更大的发展空间。

第二次世界大战后，由于竞争进一步加剧和科学技术的突飞猛进，推动了广告业的迅速发展。从20世纪50年代开始，一直到20世纪70年代末，历经三十年后，广告产业实现了由媒介和客户双重代理向全面综合型服务代理转型。在第二次转型的过程中，广告代理公司开始迅速成长壮大，不仅规模得到了扩展，公司内部按照媒介、创意、策划等代理制要求划分细致，核心业务也开始集中于广告代理服务领域。广告代理公司的专业化得到了充分发展，市场环境和传播环境的相对单纯使得广告成为当时最为重要的营销传播手段。

两次广告产业转型都率先在欧美广告业发达国家展开，加速了欧美发达国家广告公司的规模化与集团化过程。20世纪70年代以来，全球经济全面飞速高涨，市场环境发生了一系列深刻的变化，广告产业面临着第三次转型。

在市场环境、传播环境发生了深刻变化的背景下，任何单一的营销传播方式都不足以成功地执行营销。广告传播进入"有限效果时期"，使得企业产生了对包括广告促销公关等在内的整合营销传播代理的需求。整合营销传播要求打破广告与咨询、营销、策划、公共关系、媒介购买等营销环节之间彼此隔离的松散状态，加强沟通与合作。因此，跨国广告公司业务范围不断扩大，开始出现组织和运作上的整合，其业务领域已远远超出一般广告公司的业务范围，成为涉足咨询、调查、公关、信息服务的整合传播集团。在此背景下，综合型广告代理逐渐向整合营销传播服务代理过渡。这一趋势早在20世纪后期就已在西方出现。我国则是在20世纪末21世纪初兴起。

可以说，从综合型广告代理逐渐向整合营销传播服务代理过渡是广告业面临的第三次战略转型，它造成了广告产业面临新的困境和严重问题。

回顾世界广告代理业的产生发展过程，我们不难看出代理业的产生是市场经济中成本原则和买卖双方的增长原则作用下的结果。它的生命力就在于专业化，通过提供专业化的服务，为交易各方节约成本，实现买卖双方的增长，达到利己—利他的双赢格局。如美国广告协会把广告公司定义为"一个能创造性地致力于广告获得成功的行家组织"，正反映了广告公司的专业地位。广告业存在的根本价值就在于其专业性。

在整合营销传播的浪潮下，广告公司纷纷进行战略转型，即由传统的广告代理领域拓展到整合营销传播代理领域。这一趋势本身是不错的，但许多广告公司往往盲目跟风，贪大求全以为什么都可以做，实质上什么都不可能做到高度专业化。专业的整合营销传播代理对相关人才的要求极高，但许多广告公司往往缺乏相关的人才储备与培养。同时在转型过程中，许多广告公司的组织机构并没有做出相应的本质性的调整与变革，这导致了目前普遍存在的广告公司服务的泛专业化问题。泛专业化的实质就是非专业化。广告公司本身具有无可替代性的核心竞争力——策划和创意，但是，泛专业化形成盲目拓展业务领域之后，广告公司的核心竞争优势却渐渐丧失，形成可以相互替代的局面。另外，广告公司还面临各类专业化公司对广告市场的强力争夺，如管理咨询公司、公关公司、媒介购买公司、促销公司、网络营销公司、事件行销公司等。在传统广告效果备受质疑的背景下，公共关系事件行销等营销方式正越来越多地取代广告，而受到广告主的青睐。"公关崛起、广告消亡"的观点很有代表性地体现了广告业的尴尬处境。

与此同时，广告业服务的可替代性正成为挤压广告公司利润空间的重要因素。零代理、负代理现象的出现正是广告公司服务同质化、核心竞争力缺乏的必然结果。当一种商品趋于同质化，并且实现品牌效应和市场集中度不高时，价格战便成为最有力、最简捷地进入市场或扩大市场份额的手段。广告服务本应不属于同质化商品，其价值恰恰在于差异化和专业性。零代理的现象从另一个侧面反映了这样一个事实，即广告公司的专业服务出现了本不应出现的同质化倾向。在价格战的背景下，市场有可能屈从于价格优势，一些原本重视服务的公司由于价格原因会被挤出市场。这种劣币驱逐良币的现象会进一步促进广告市场的萎缩。

泛专业化会造成广告产业核心竞争力的消解，从而引发广告主对广告公司专业能力的信任危机，甚至会引发整个广告产业发展的严重危机。在这种状况下，广告完全无法承担整合营销传播重任，更无法实现以广告产业为核心对营销传播服务的其他相关领域进行整合这一目标。

（二）高度专业化——重建广告公司核心竞争力

企业的核心竞争力思想最早可以追溯到亚当·斯密于1776年在《国富论》中提出企业内部劳动分工决定企业的劳动生产率，进而影响到企业的成长。[①] 1990年，美国密西根大学商学院教授普拉哈拉德（C. K. Prahalad）和伦敦商学院教授哈默尔（G. Hamel），在哈佛商业评论上发表的论文《企业核心竞争力》（*The Core Competence of the Corporation*）中，正式提出了企业核心竞争力的概念。他们认为核心竞争力是企业内部的积累性学习，特别是涉及如何协调不同的生产技能和有机结合多种技术流派的学识。在他们看来，核心竞争力是企业扩大经营的能力基础，能够实现顾客最为关注、最为核心、最为根本的利益，最重要的是企业的核心竞争力应该是竞争对手难以复制和模仿的。有关企业的核心竞

---

① ［英］亚当·斯密：《国民财富的性质和原因的研究》，商务印书馆1979年版，第31页。

争力，至今尚没有形成统一严密的理论体系，不同的人有不同的定义，战略、技术、资本、质量、渠道、客户、品牌、速度、创新、组织方式、管理制度、知识产权、人力资源、企业文化、学习能力等，都曾被定义为企业核心竞争力。不过，总的来说，在有些问题上还是达成了初步共识：企业的核心竞争力是企业在个性化发展过程中获取与配置的战略资源，是企业长期竞争优势的源泉，能够最大程度上代表企业的盈利能力，核心竞争力是隐藏在企业核心产品或服务中的知识与技能的集合体。

在大广告产业形态中，广告业要想能够承担起以广告整合其他营销传播工具的任务，就必须具备核心竞争力。广告公司是广告产业的主体，探讨广告公司的核心竞争力也就意味着寻找广告业的竞争优势与独特能力。

广告公司的核心竞争力主要由人力资产、知识资产、基础结构资产、客户资产以及市场资产五个方面构成，广告公司协调这五个方面的资源从而形成一种能够支撑广告公司获得可持续竞争优势的独特能力。广告公司的核心竞争力可以体现在不同的几个层面。广告公司可以在广告运作领域找到自己的核心竞争力，如广告策划与创意、广告设计制作、广告效果监测、媒体计划与购买等；广告公司也可以在市场领域探寻核心竞争力，集中在一个或几个行业，比如房地产行业、快速消费品行业、饮食行业等；广告公司还可以在整合营销传播领域涉足公关、事件营销、促销等单个或多个领域形成核心竞争力。广告公司的核心竞争力需要具备异质性、价值性、不可替代性、延展性、持久性以及动态性六个重要属性。

我们要注意的是，广告公司的属性为知识密集型，其核心竞争力的根本就在于提供高度专业化的营销传播服务，并且随着市场环境和传播环境的变化，核心竞争力的内涵也应随之变化以满足广告主的新需求。但是，现在的情况是，在整合营销传播的背景下，泛专业化造成广告公司的核心竞争力严重消解，如果任其发展下去，将无法适应广告产业形态的转型。

泛专业化严重消解广告业的核心竞争力，消解广告公司的核心竞争力。广告业要是完成承担整合营销传播的重任，就必须具备核心竞争力。可见，重建核心竞争力需要解决泛专业化的问题，解决泛专业化的关键在于实现高度专业化。广告公司作为广告业的核心主体，它的高度专业化是广告产业形态重构需要解决的首要问题。

广告公司的专业化发展，主要集中体现在以下三个方面。首先，广告公司在广告业务领域实现高度专业化发展。对于广告公司而言，广告业务领域的任何一个环节都可以做到高度专业化。广告公司若能定位于广告业务领域的某一个领域或整合某几个领域，比如广告策划公司、广告创意公司、广告调查公司等，集中财力、物力、人力资源在主力领域就能形成核心竞争优势，提高自己的市场竞争水平。其次，广告公司在市场领域实现高度专业化。广告公司可以根据自身特点定位于专门对某个行业服务的广告代理公司，比如集中代理食品、房地产、烟酒类等行业，通过对该行业市场的深入定性与定量研究，建立该行业的专业数据库，力争成为该行业的专业型广告公司，从而形成自己在该领域的核心竞争优势。最后，广告公司在营销传播领域实现高度专业化。在整合营销传播的背景下，广告公司的业务范围扩展到广告、营销咨询、市场调查与分析、促销、公共关系等领域，这些领域的每一个环节都对专业化要求非常高。

那么，在大广告产业形态中，广告承担着整合营销传播的重任，意味着广告公司需要逐步向整合营销传播代理机构转型，在这个过程中广告公司的高度专业化体现在哪里呢？我们认为，既然广告是整合营销传播的核心，那么广告运作就是整合营销传播中的主导业务。所以，广告公司的高度专业化体现在坚守整体广告运作的高度专业化，从而才能重建广告产业的核心竞争力。这就意味着，广告公司需要为广告主提供全面广告代理服务，唯有如此，广告才能成为整合营销传播的主导力量，最终实现以广告为核心的"大广告产业"。

纵观跨国广告集团的全球发展战略，它们已经发展成为较为成熟的整合营销传播集团，也都是将高度专业化的广告运作作为集团的主导业务。从美国 Advertising Age 历年来发布的数据我们可以看出（见表5－1），自2006年到2009年四年间，尽管有些广告集团的广告经营收入所占比重日益下滑，但是依然是占据着主要地位。OMNICOM 集团2006年广告收入占集团收入的40.3%，2009年上升到44.3%。PUBLICS 集团在2006年广告收入占了半壁江山，随着数字技术与整合营销传播的发展，传统广告收入虽然有所下降，但依然是其主要业务。我们从跨国大型广告集团的收入比例中可以看出，尽管他们的业务越来越向公共关系、专门代理等营销工具倾斜，但是传统广告业务的核心地位并未改变，跨国广告集团的核心竞争优势依然需要通过发展高度专业化的广告公司来完成。

表5－1　　　2006—2009年四大广告集团广告收入比例[①]　　单位：%

集团 \ 年份	WPP	OMNICOM	IPG	PUBLICS
2006	35.6	40.3	52.1	50.3
2007	46.4	43.0	61.6	39.0
2008	44.5	42.9	62.6	38.0
2009	38.7	44.3	68.7	35.0

再反观中国本土广告公司，迫于市场需求，盲目扩大业务范围，延伸服务边界，殊不知，这种不根据自身实力量体裁衣的莽撞行为，会导致泛专业化越来越严重，进入"什么业务都做却什

---

① 数据来源：Advertising Age 历年来发布的 *Agency Family Trees*。注：2007年 WPP 集团和 IPG 集团的数据、2008年 WPP 集团和 IPG 集团的数据以及2009年 WPP 集团和 IPG 集团的数据为广告和媒介代理共同所占的比例。

么业务都做不好"的困境。泛专业化还会导致广告主不信任广告公司的专业服务，从而对整个广告产业的健康发展造成严重影响。因此，在整合营销传播的背景下，中国广告业要想完成以广告整合其他营销传播工具的重担，首要任务就是大力促进广告运作的高度专业化发展，从而能够重建广告公司的核心竞争力。

第二节　广告产业价值链的重构

在数字技术和整合营销传播的背景下，广告产业形态最终会向"多元大广告产业"转型。在"大广告产业"的发展过程中，为了实现以广告整合其他营销传播工具，广告产业形态必须实现重构。如果说"大广告产业"是广告产业形态转型的最终方向，那么可以说广告产业形态重构则是实现这一目标的具体路径。从广告产业运作的实际出发，在整合营销传播背景下，广告产业形态的重构需要从广告产业价值链的重构以及广告公司组织结构的调整两个方面进行。

一　产业链与产业价值链

产业链的形成最早源于分工理论。亚当·斯密在《国富论》中揭示了工业生产是一系列基于分工的迂回生产的链条，并指出"劳动生产力上最大的增进，以及运用劳动时所表现的更大的熟练、技巧和判断力，似乎都是分工的结果"。亚当·斯密不仅指出了分工的重要作用，而且还强调分工是要受到市场范围限制的，即"分工起因于交换能力，分工的程度，因此总要受交换能力大小的限制，换言之，要受市场广狭的限制"[1]。早期的观点认

---

① 参见［英］亚当·斯密《国富论》，上海三联书店 2009 年版。

为产业链是制造企业内部活动，是把外部采购的原材料和零部件通过生产和销售等活动，传递给零售商和用户的过程。传统的产业链概念局限于企业内部操作，注重企业自身资源的利用。马歇尔认为："有机体——不论是社会的有机体还是自然的有机体——的发展，一方面使它的各部分之间的机能的再分部分增加，另一方面使各部分之间的关系更为密切，这个原理是没有很多例外的。"马歇尔将之称为"微分法"。各部分之间的机能再分提高了各部门之间协作的频率，马歇尔将工业有机体的各部分之间的关系的密切性和稳固性的增加称为"积分法"。① 荷利汉提出产业链是开始于供应商，然后经过生产者或流通者，最终到达消费者的所有物质流动。哈里森将产业链定义为采购原材料，将它们转换为中间产品和成品，并且将成品销售到用户的功能网链。产业链不仅仅是一个产品链，同时也是信息链和功能链。

产业链是产业经济学中的一个概念，是各个产业部门之间基于一定的技术经济关联，并依据特定的逻辑关系和时空布局关系客观形成的链条式关联关系形态。迈克尔·波特的价值链理论认为每个企业都处在产业链中的某一个环节，一个企业要赢得和维持竞争优势不仅取决于其内部价值链，同时还取决于一个更大的价值系统中，一个企业的价值链同其供应商、销售商以及顾客价值链之间的连接。这一连接的更大价值系统就是产业结构的价值链体系，即产业价值链。对应于波特的价值链定义，产业链企业在竞争中所执行的一系列经济活动仅从价值的角度来界定，称为产业价值链（industrial value chain）②。

"大广告产业"形态要求以广告整合其他营销传播工具，肩负整合重任的广告产业面临着业务范围的拓展，必然会发生结构

---

① A Marshall，"Principles of economics：an introductory volume"，*Macmillan*，1920，67（1742）：p. 457.

② 陈柳钦：《论产业价值链》，《兰州商学院学报》2007 年第 8 期。

上的改变，那么，广告产业链也会因此发生变化，进行重构。广告公司是广告产业的主体，在广告产业链中，广告公司的价值链显得最为重要，因此，重构广告公司产业链才能使广告业更好地在整合营销传播中扮演核心角色。

二 广告产业价值链重构的两种形式

在整合营销传播的背景下，广告公司的利润来源遭到重创，广告业的价值链变得更加复杂。在价值链的上游，不断出现新的有关公关、事件营销、战略咨询等营销代理机构，它们从广告公司手上分割了大量业务，同时，广告主面对大量的营销代理机构，也开始削减广告预算，将投资放入其他营销传播业务中。在价值链的下游，大量媒介购买集团凭借雄厚的资金实力大批量购买媒介资源，不仅价格低廉也形成垄断，切断了广告公司在媒介代理方面的业务。产业价值链的改变，使得广告公司的利润被严重压缩。

广告业是知识密集、技术密集和人才密集的三密集产业，广告业的产业价值链体现在广告公司为广告主提供广告策划创意、设计制作、媒体计划与购买、广告效果测定等营销传播服务，这些服务活动最终能够为广告公司带来利润。随着市场环境与传播环境的变化，广告公司核心业务被抢夺，基本价值链遭到了其他营销传播机构的冲击，重构迫在眉睫。广告产业价值链重构可以从根本上改变公司的成本结构，通过对战略环节的重新定位，从而可以构造新的盈利模式，使得企业拥有独特的竞争优势以应对市场上的竞争力量。

传统广告产业价值链主要集中在广告专业代理领域，对于公关、事件营销等其他营销传播领域很少涉及。在产业链上下游的双重逼迫下，广告公司需要对价值链进行重构，以促使广告业更好地发挥自身优势，承担整合营销传播中的核心角色。

广告产业价值链的重构主要有两种方式：水平一体化和垂直一体化对价值链进行扩张。

水平一体化又称为横向一体化，主要指对同行业内的企业进行收购兼并，是同一市场、同一产业价值链环节内发生的并购。对于广告公司而言，就是各广告公司之间通过并购或联盟形成广告集团。广告公司采用水平一体化的方式构建广告集团，可以赢得新的客户，节省交易成本，产生更大的经济效益，提高广告公司的利润。水平一体化使广告公司向价值链的横向扩张，达到效率和效益的最大化。

垂直一体化又称纵向一体化，主要是指对产业上下游产业链的不同环节进行整合，在产、供、销各个方面实行纵向渗透和扩张，其实质就是将外在的产业价值链内部化，将上下游相关产业由市场契约关系转为企业内部关系。对于广告公司而言，就是要将上下游其他营销传播机构和媒介购买集团进行整合，分享上下游的盈利渠道，延伸产业价值链。

一方面，广告公司要向产业链上游扩张，参与到广告主的核心决策层面。广告公司或自身增设营销传播职能部门，或并购其他专业的营销传播服务公司，可以通过各种方式向整合营销传播代理机构转型，然后再以高度专业化的广告运作为核心整合其他营销传播工具，积极参与到企业营销战略的重大决策当中。以韩国为例，韩国的广告公司是依托于大型企业集团而发展的，比如第一企划依托于三星集团，金刚企划依托于现代集团等。另一方面，广告公司向价值链下游延伸，应该大力开发媒介资源，通过资本运作组建大型媒介购买集团。以日本为例，日本广告公司大多是脱胎于媒介，或与媒介有着密切的关系。比如朝日广告社属于朝日新闻集团，电通、博报堂等知名广告公司中都有相当数量的媒介股份。

伴随着市场经济的发展，中国已经形成一大批实力比较雄厚的媒介集团和企业集团，它们拥有丰富的媒介资源和客户资源，更拥有丰厚的资金资本，广告公司若能依托于媒介集团或企业集团，必能实现资源的有效整合。比如未来广告公司就是依托于中国最大的媒介——中央电视台，是央视旗下唯一的全资广告公司，2008年营业额高达346487万元，位居本土广告公司第一名。总而言之，不论是依托于企业还是媒介，对于广告公司而言，都可以降低交易成本并满足广告主日益增加的全面代理要求，提高效益，分享上下游资源带来的丰富利润和盈利渠道，使得产业价值链能够得以延伸。

第三节　广告公司组织结构的重建

一　广告公司组织结构重建的动因

在上文中论述了广告产业价值链重构的两种方式，广告公司将根据自身实力和战略目标进行选择，实现对价值链的整合。但是，不论选择哪种方式，广告公司都需要实现以广告整合其他营销传播手段的目标，这就需要广告公司进行组织结构重建。

广告公司要提供整合营销传播代理需要重点考量两方面的因素：一是广告公司是否拥有各个营销传播领域高度专业人才；二是广告公司是否有为企业提供整合营销传播代理的组织结构，这一组织结构是否可以实现对公司内部和外部资源的有效整合。[1]舒尔茨也从企业角度对整合营销传播的执行做了评价，认为组织结构本身即是整合行销传播的障碍，发展整合营销传播需要首先从组织结构的整合开始进行。组织结构是为达到战略目标而维系

---

[1]　张金海、廖秉宜：《中国广告产业核心竞争力的消解与重构》，《中国媒体发展研究报告》（2008年卷），第434页。

在一起的群体，如果广告公司的组织结构不能满足广告主对整合营销传播的需求，那么将会影响广告公司在"大广告产业形态"中的地位，影响广告成为整合营销传播的主导力量。

20 世纪之前，广告公司和大众传媒一直在营销传播领域占据着主导地位。20 世纪中后期，数字技术与网络传播使得市场结构发生了根本性变化，传受双方互动的模式结束了广告代理公司一个多世纪以来主导营销传播的时代。整合营销传播的诞生适应了这一新的趋势，对于广告主和广告公司而言，实施整合营销传播最大的困难就是使具有不同专业背景和专业技能的专业在一种组织构架下进行有效的合作。

在整合营销传播背景下，市场结构发生重大变化，由大众媒体和广告代理商控制的营销传播时代已经结束，传统广告公司的旧有组织结构在新的营销环境下显露出一系列的弊端，营销发展的趋势要求广告公司的组织作出相应的变革。传统广告公司普遍采用的是垂直组织结构，即整个组织呈现出层级制度，最高层的管理者拥有决策权，往下层级繁多很容易导致分割管理，跨职能部门的沟通与合作受到严重阻碍。整合营销传播强调不同部门为着同一个目标融合成为一个整体，非常需要各跨职能部门之间的协调合作。数字技术与网络传播加速了媒体使用的多样化与碎片化，促销、事件营销等多种营销手段也被大量采用。如果使用不同的专业代理商实施直销、促销、公关等活动，虽然具有专业性和灵活性，但是会影响合作者之间的战略关系，影响最终的效果。因此，整合营销传播要求传统广告公司的垂直组织结构必须变革，广告公司迫切需要通过组织结构重建成为整合营销传播的主导力量。

二　广告公司结构的五种基本组织模式

管理学对于企业的组织结构的划分共有五种类型：直线垂直

式、事业部式、水平矩阵式、团队式和网络式。① 直线垂直式组织结构比较简单，适合中小企业，在组织规模较大的时候所有管理职能都由一个人承担比较困难，并且部门之间的协调性也较差。事业部式的组织结构是集中政策、分散经营，不利于资源整合和跨部门合作。水平矩阵式结构灵活性高，有利于资源共享，但是由于小组是临时性的，稳定性较差。有学者认为在现有的状况下，团队式和网络式的结构模式比较适合综合型大型广告公司，便于它们实施整合营销传播。② 团队式结构是广告公司将内部拥有不同营销专长的人安排成一个团队，打破了职能部门之间的沟通障碍，提高效率。网络式组织结构适用于广告公司与其他营销传播机构建立战略联盟之后，以某一个公司为核心主体，相互合作，但是彼此仍然是独立单位。

"大广告产业"要求的是以广告为核心整合其他营销传播工具，因此，我们的研究出发点也是设计适合由广告代理公司转型为整合营销传播代理机构的组织结构模式。下面引入美国学者Gronstedt 和 Thorson 提出的整合营销传播代理公司的五种组织模式来分析广告公司的组织结构变革。③

(一) 代理公司联合模式

代理公司联合模式，一般是指某一个广告代理公司充当缔约方，与客户交谈确定发展规划后，将为客户设计的整合营销传播计划中的公关、促销等营销传播服务外包给其他营销传播机构。

---

① 参见 [美] 理查德·L. 达夫特《管理学》（第 5 版），机械工业出版社 2005 年版，第 300—312 页。

② 程明、姜帆：《整合营销传播背景下广告产业形态的重构》，《武汉大学学报》（人文科学版）2009 年第 4 期。

③ Gronstedt, Anders, Esther Thorson, "Five Approaches To Organize An Integrated Marketing Communications Agency", *Journal of Advertising Research*, 36, 2, March/April 1996, pp. 48 - 58.

在这一模式中，主导广告代理公司负责协调整个营销传播服务过程，并负责承担媒体广告投放的业务（见图5-1）。这一模式适合员工不足40人的专业广告公司，具有灵活性高以及成本低的优势。但是，需要注意的是，其他营销传播服务外包给不同的公司，很容易造成各个公司只关注自身的利益，而忽视了彼此之间的协同效应。

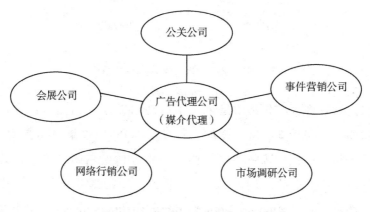

图 5-1　代理公司联合模式结构

（二）核心代理公司联合模式

这一模式和广告代理公司联合模式大致相同。主导广告公司将其他营销服务外包给外部营销机构，自身承担传统广告活动并整合所有的营销传播服务。但是，所不同的是，核心代理公司模式意味着广告代理公司自身有实力开展多种营销传播服务，比如广告、公关等，仅仅将会展、事件营销等业务外包（见图5-2）。核心代理公司联合模式会导致客户质疑主导公司的专业水平。

（三）自主单位组成的公司

大中型广告公司大多采用这一模式，最典型的方式是通过并购在营销传播领域具有高度专业化水平的公司来组成超级航母。

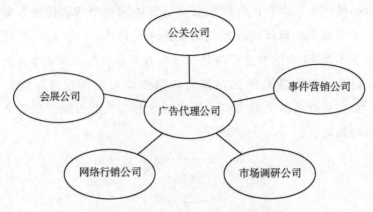

图 5-2 核心代理公司联合模式结构

当然，也有许多广告集团是采用了内部培养建立相应的整合营销传播部门（见图 5-3）。比如，知名的 WPP 广告集团拥有 60 多个子公司，包括：智威汤逊、奥美广告、精信集团、传立、扬·罗毕凯广告、扬雅、United、伟达公关、朗涛形象策划、奥美公关、博雅公关、Millward Brown、Research International、群邑媒介集团（GroupM）等，提供广告、媒体投资管理、信息顾问、公共事务及公共关系、建立品牌及企业形象、医疗及制药专业传播服务。在这一模式中，广告集团下的各个公司是作为独立的单位来运作，这意味着同一领域有众多的专家和优势资源，既有利于发挥协同效应，也提高了整个集团的利润。但是，各自主单位作为相对独立的部门而言，也有可能会造成各谋其利，忽视整个集团的共同利益。

（四）矩阵模式

矩阵模式一般也称为项目组织，在这一模式中，不同跨职能部门的成员组成团队执行整合营销传播战略计划，成员需要承担纵向和横向两个方向的责任（见图 5-4）。比如，一个策划人既属于水平层面的团队又属于垂直层面的策划部门。在矩阵模式代

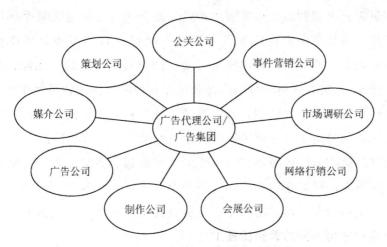

图 5 - 3 自主单位组成的公司结构

理公司中，团队由来自不同部门和专业的成员组成，采用矩阵结构建立一个适当的营销传播组合为客户实现营销目标。垂直结构和水平结构的并行能够提高跨部门合作的效率，提升专业深度。

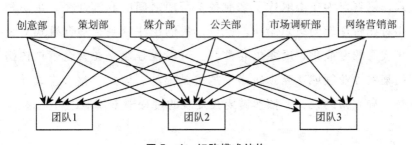

图 5 - 4 矩阵模式结构

（五）整合模式

在最后一个整合模式中，广告代理公司的每一个成员都需要懂得运用所有的营销传播工具，该公司不再是职能部门制度，而是以客户为中心的结构。也就是说，每一个员工都直接服务于客户而不隶属于任何一个部门，每一个员工都是整合营销传播方面的"通才"。这样的组织结构一般存在于员工较少的代理公司，对员工要求非常高，战略通才的模式使公司员工不再为某个部门工作，而是真正为客户服务，使客户能够从营销传播服务中受益。西方一些大型广告代理公司采用的也是这一结构。比如，20世纪80年代，李奥·贝纳广告公司在其他广告代理公司大肆并购营销传播机构的大潮中，独辟蹊径，并未盲目跟从这一潮流。李奥·贝纳聘请了整合营销传播的各类专家为全球客户传播 IMC 思想并付诸实施，同时还引入 100 多位在促销、直销、事件营销和公关等方面颇有建树的专业人员分布在全公司，与公司的各个部门完全结合在一起。这些专业人员教会了公司里其他成员如何针对客户使用不同的营销传播工具。①

需要指出的是，以上五种组织结构模式都处在不断的发展变化之中。西方众多的中大型广告代理公司都选择了矩阵模式和整合模式，这两种模式相对而言能够提高部门之间的合作程度，提高协同效应，组织成员能够保证中立的客观立场。尤其是整合模式，以客户为中心取代了之前各个部门之间的利润冲突，是一种相对比较理想的组织结构。但是，我们也注意到，整合模式对公司成员的专业化程度要求非常高，可以说是建立在整合营销传播的某些专业领域达到顶级水平的基础上的。因此，整合模式并不是一种完善的模式，依然需要在发展的过程中不断地进行完善。

---

① "It's All Advertising", Promo magazine, October 1991, pp. 6, 7, 32.

第六章

广告公司业务转型

　　世界广告业的发展过程中，广告公司的业务曾经经历过两次重大转型。一次发生在 19 世纪中叶，历经半个世纪的时间到 19 世纪末 20 世纪初完成，其业务转型主要是由单纯的媒介代理走向媒介与客户双重代理。第二次则是发生在 20 世纪 50 年代，历经约 30 年的时间，于 20 世纪 70 年代末完成，其业务转型主要是在上一次媒介与客户双重代理基础上，广告公司向全面综合性服务代理转型。这两次广告公司业务层面的重大转型，皆与当时的市场环境与传播环境的变迁有关。如今，现代广告业又一次地遭遇了新的市场环境与传播环境的两大挑战，这一挑战来自于数字传播以及整合营销传播。这两大背景将推动现代广告业的第三次重大转型，这不仅是中国广告业需要独自面临的问题，也是世界广告业需要共同面临的严重问题。转型的重点之一就是广告公司业务的第三次转型，数字传播与整合营销传播将推动广告公司业务的拓展以及运作方式的转型。

第一节 世界广告业两次重大业务转型

一 从单纯媒介代理走向媒介与客户双重代理

1704 年 4 月 24 日，美国第一份刊登广告的报纸《波士顿新闻通讯》创刊，刊登了一则向广告商们推荐报纸的广告，其内容是关于报纸的发行量问题。19 世纪上半叶，"便士报运动"展开，1833 年本杰明创立了美国第一份成功的廉价报纸《太阳报》，售价仅 1 美分，远低于当时其他报纸 5 美分的价格。当时的便士报主要收入都来自于广告。1837 年美国爆发了第一次经济危机，造成大量的商品过剩。企业为推销产品，拼命使用广告作为主要宣传工具。于是，为报纸兜揽广告的人成为广告代理商。

1841 年，伏尔尼·帕尔默兄弟在宾夕法尼亚的费城开办了第一家广告公司，专为各家报纸兜售广告版面，并自称为"报纸广告代理人"，从而宣告了广告代理业的诞生。1865 年，在美国又出现了"广告批发代理"。这项广告业务首先是由路威尔创办的，其任务是向 100 家报社预定固定的广告版面，然后再将广告版面分售给不同的广告主，广告价格可由广告代理自定，这样广告代理就成了报刊的独家经纪人。在 19 世纪中叶的一段时间，广告代理商经历了报商代理人、版面买卖人、版面批发商的演变过程，充其量还只是版面"代理人"，不提供其他服务。可见，早期的广告代理业务是伴随着报业这一媒体发展的需要而诞生，其基本的服务就是提供单纯的媒介代理。

这时候的广告业务员主要负责向广告主推销报纸版面，其实本身是从属于报业的推销人员。当经济不断发展日益繁荣之时，企业日益增多，企业的广告活动也日益频繁，早期受雇于报纸的广告业务员纷纷脱离报业，开始同时推销多家报纸的广告版面，成为"媒体掮客"。这种自由的早期广告代理业务属于独立经营性质，但是只是单纯的媒介代理业务的性质。

随着市场的日益繁荣，企业之间竞争加剧，人们对商业、娱乐以及产品和服务的信息需求也越来越强烈，企业不再仅仅满足于单单在报纸上做广告，而是需要更多的营销专业化服务，单纯的广告代理已经不能满足企业的要求。在这种状况下，广告业开始由单纯的媒介代理走向媒介与客户双重代理。其重大标志之一就是1869年，F. W. 艾尔在费城开办"艾尔父子广告公司"。这是美国第一个安排广告活动的现代广告公司，意味着广告公司的业务不仅负责经营报纸广告的媒介代理，同时还向广告客户提供文案撰写、广告设计与制作等方面的业务，提高了广告效果。19世纪末20世纪初，资本主义从自由竞争过渡到垄断资本主义。商业企业所关心的已不再是生产问题，而是销售问题。20世纪20年代是以美国为首的全球广告业大发展时期，一些现代化通信传播手段开始运用于广告。美国最早出现了电子广告。1920年10月2日，第一家正式注册营运的美国西屋电器公司开办的KDKA广播电台，以报道美国总统竞选开始了正式的电台商业广告营业。1922年美国一家商业无线广播电台WEAF正式开始商业广告广播。媒体形式开始多样化，不再仅局限于报纸。从此广告由近代进入了现代信息产业的发展时期。广告公司的经营为了适应这一新形势的发展，提供媒介发布、广告设计与制作、广告效果评估以及广告创意表现服务的广告代理公司相继涌现。不过，这一时期出现的广告代理公司虽然从事了媒介和客户的双重代理，但是其主业依然是媒介代理，广告创意、广告设计与制作等服务只不过是附属品，在做媒介代理的同时顺便做做而已。广告公司的收费模式是佣金制，主要根据广告主在广告公司提供的媒介上所投放的广告量提取一定比例的佣金。

从19世纪中期开始的单纯媒介代理业务走向媒介与客户的双

重代理，一直到 19 世纪末 20 世纪初完成。这历时半个世纪的广告公司第一次业务转型的主要特点是：第一，媒介代理依然是主体地位，面向广告客户的广告创意设计制作等业务只是在提供媒介代理业务的同时提供附属品，或称为辅助品；第二，广告公司已经开始提供文案撰写、广告设计与制作、市场调查等广告运动的项目，这意味着广告公司已经开始朝独立化与规模化的方向发展，意图获得更大的发展空间。

二 广告公司全面综合型服务代理的建立

第二次世界大战后，由于竞争进一步加剧和科学技术的突飞猛进，推动了广告业的迅速发展。自 20 世纪 50 年代起，发达国家经济开始复苏，进入了经济迅猛发展时期，由"供过于求"向"供不应求"发展，有实力的企业组成了企业集团，大幅度增加了对广告的投入，采用报纸、杂志、广播、电视等多种媒体进行广告宣传，广告总量每年都稳步增长，广告代理公司得以快速发展。这种状况下，广告代理公司既想从内部寻求自身的竞争优势，同时又面对着企业在激烈的市场竞争中对其提出的更高要求——多样化的专业广告服务。广告代理由此开始在媒介与客户的双重代理基础上开始走向全面综合型服务代理。20 世纪初广告业兴起了市场调查研究热潮，有力地推动了广告客户的购买率，随后创建了消费者研究公司；40 年代至 50 年代，广告业普遍推广 USP 广告销售策略，用"独特的销售主张"促进产品销售；60 年代起，广告业开始进入了推广产品定位理论，为企业树立形象的"形象广告时代"；以及 60 年代开始的创意革命使广告创意服务成为广告公司的标准内容。

在 20 世纪 50—70 年代，大众传播工具发生了新的变化，报纸、广播、杂志和电视都成为主要的媒体，其中，电视广告逐渐取代其他成为主要的广告投放媒体。同时，广告形式也发生了巨大变化，早年普遍的招贴、路牌广告逐渐减少，新型的邮寄广告以及媒体广告形式占据了相当大的比重，电子广告、路牌广告、电梯广告等多种广告形式大量涌现，使现代广告业得到了前所未有的发展。在这一时期，广告的专业性获得了普遍认可，广告代理公司的服务标准开始倾向于广告代理，为广告主提供媒介代理、媒体计划、广告创意、广告策划、广告设计与制作、广告效果测定、消费者行为调查以及市场调查研究等众多业务，这已成为当时广告代理公司服务业务的标准内容。广告代理公司的广告经营活动开始向着为广告客户提供全面服务的综合型服务代理过渡，推动了扬·罗比凯、奥美等大型广告公司的成立。在 60 年代，美国一系列专业广告公司甚至通过兼并收购的手段组建了广告集团，率先进入了综合服务时代。近半个世纪，世界广告业出现了霍普金斯、威廉·伯恩巴克、大卫·奥格威、罗斯·瑞夫斯等众多重量级广告大师，他们的理念和作品更是有力地推动了广告公司的这一次业务转型。

在第二次广告代理公司业务转型的过程中，广告代理公司开始迅速成长壮大，不仅规模得到了扩展，公司内部按照媒介、创意、策划等代理制要求划分细致，核心业务也开始集中于广告代理服务领域，媒介代理只是其中的一个部分。可以说，这段时期内，广告代理公司的专业化得到了充分发展，市场环境和传播环境的相对单纯使得广告成为当时最为重要的营销传播手段。从 20 世纪 50 年代开始，一直到 20 世纪 70 年代末，历经三十年后，广告代理公司的业务实现了由媒介和客户双重代理向全面综合型服务代理转型。广告公司全面综合型服务代理模式的建立，是现代广告业发展具有里程碑意义的重大标志，此后的现代广告业基本上都是遵循这一服务模式向前发展的。①

---

① 　张金海：《挑战下的广告：变革、创新、转型》，《广告人》2010 年第 4 期。

第二节　数字与整合营销传播背景下广告公司
业务的拓展及其重心的重构

一　广告公司业务的拓展

（一）以大众媒体为核心向全媒体平台拓展

● 新媒体营造全媒体环境

长期以来，大众媒体是社会生活的主要传播媒体形式，传统广告业是以大众媒体为核心产生和发展起来的。在大众媒体的传播环境下，传统广告主要针对报纸、广播、电视、杂志四大传统媒体的广告。所以说，传统广告业是基于对大众媒体的理解和解读，逐步发展适合大众媒体的广告理念和广告运动环节。随着数字技术的兴起，新媒体也不断涌现。新媒体是相对传统大众媒体而言的，它区别于传统大众媒体单向性特点，能够使传受双方居于平等地位。基于数字技术的新媒体主要包括互联网、数字电视、手机报、微博、博客、手机电视等。这些新媒体在数字传播时代发展迅猛，实现了对传统媒体的升级，分流了大量传统大众媒体的受众，挑战了大众传播媒体的生存形态。在数字技术尚未诞生之前，电视、报纸、广播、杂志等大众媒体各自具备不同的传播技术和传播优势，生产出来的各具特色的内容产品符合不同受众的信息需求和媒介接触习惯，从而各自拥有固定的受众群体。在数字传播媒体时代到来之前，广告代理公司的媒介经营也是以电视、报纸、广播和杂志等大众媒体为核心，大众媒体广告是当时广告业的主要组成部分。我们注意到，在数字技术的挑战下，传统大众媒体一方面会继续保留，另一方面会寻求在数字技术的大环境中进行数字化转型。也就是说，新媒体不会替代旧媒体，同时，旧媒体正在逐步新媒体化。这样，在数字与网络传播的环境下，新媒体与旧媒体，即数字媒体与大众媒体，共同构成了全媒体环境。

全媒体的英文表示为"omnimedia"，在国外新闻传播学界，"omnimedia"并未被作为一个新闻传播学术语而存在。[①]全媒体的概念在国内学术界并未达成共识，但是随着科技发展的日新月异以及传播手段的层出不穷，全媒体在传媒界的实际应用层面得到了全面的发展。尤其是自2008年起，全媒体在国内的新闻传播领域崭露头角，被称为"全媒体战略"或"全媒体定位"。全媒体的发展主要注重两个方面，一方面是将全媒体作为一种发展手段，强调其手段的丰富和扩展；另一方面在拓展手段的同时，还要将多种媒体有机结合起来。有关全媒体的定义，在我国新闻传播学界主要分为两种。一种说法认为全媒体是指一种业务运作的整体模式与策略，直接表现是产品形态的多媒体化，观念变革是全媒体化的重点，实现全媒体后才能走向媒介融合[②]；另一种说法则认为全媒体是媒体进行融合后跨媒介的产物，其来自于传媒界的应用层面[③]。综上所述，我们认为全媒体应该是将传统大众媒体和数字新媒体结合起来，多层次、多手段地满足受众的细分要求。从传播载体上来说，"全"媒体包含有电视、广播、杂志、电影、互联网、电信、报纸等；从受众角度来说，"全"媒体能够满足不同细分市场的受众需求，实现最佳传播效果；从信息的呈现形态上来说，"全"媒体需要包含有照片、文字、音频、视频以及图表等。我们要注意的是，为什么我们谈全媒体平台而不说新媒体平台？因为，全媒体平台包含有新、旧媒体，它不排斥任意一种媒体传播形式，同时包含有所有媒体的特性，通过整合

---

① 罗鑫：《什么是全媒体》，《中国记者》2010年第3期。

② 参见彭兰《如何从全媒体化走向媒介融合——对全媒体化业务四个关键问题的思考》，《新闻与写作》2009年第7期。

③ 参见周洋《打造全媒体时代的核心竞争力——中央媒体新中国成立60周年报道思考》，《新闻前哨》2009年第11期。

各个媒体的优势，发挥新的传播效果。

报业、广播业等纷纷在构筑全媒体平台，目前看来，报业的行动比较快。国内比较出名的有烟台日报传媒集团于 2008 年 3 月在全国第一个建立的"全媒体新闻中心"，开始探索如何从传统报业走向全媒体运作。温州日报集团在媒介架构上设置了"四报一网一刊"的媒介格局，同时还创建了相关网站、手机报纸、户外广告、网络视频等不同新媒体。《纽约时报》比较成功地实现了全媒体转型。《纽约时报》自 1996 年起就建立了自己的报纸网站，线上业务每年的增长速度高达 30% —40%，一直处于盈利状态。同时，《纽约时报》还收购了美国最受欢迎的十大门户网站之一 About.com，引进了 Web 2.0 工具。除此之外，《纽约时报》还包含有电视、广播、手机等不同的媒介，变身为全媒体平台。

- 广告公司业务向全媒体平台拓展

在大众媒体时代，广告代理公司的发展主要依靠广告公司自身对于市场需求的判断与把握，同时还要深入了解各类媒体以便于能够达到利用的最大值。进入数字传播时代也一样，广告公司依然需要针对现在细分化的市场准确把握消费者，同时深入了解大众媒体以及数字新媒体这个全媒体平台，从而制订合理的营销方案，提供达到最大价值的业务服务。

新媒体的出现带领人类进入了一个新的传播阶段，传播门槛降低，传播的主体增多，传播的内容海量化，受众注意力被高度分散，广告主正在慢慢适应和接受新媒体带来的广告传播效果。不过，对于全媒体这一概念，广告主并未完全理解，还缺乏对全媒体平台服务的详细规划。广告主对于全媒体的理解仅限于以低价格购买捆绑销售的各式新媒体与旧媒体，将广告内容在这些不同的媒体上重复播放。另外，对于媒体而言，现在的媒体所做的全媒体化基本就是将所有的媒体捆绑打包，在主导媒体方式的基础上不断开拓新的媒体渠道。面对这种捆绑的全媒体平台，媒体并不清楚盈利模式，也没有弄清楚该如何达到捆绑效果。从这个角度来看，广告主与媒体对于"全媒体"还是比较盲目和不清楚的。此时，广告公司的专业性价值就体现出来了。广告公司一直处于市场经济发展的前沿，与广告主和媒体相比，它们最先知晓经济发展动向，紧跟消费者了解消费者的最新需求，再加上广告公司通过自身积累所具备的研究方法与体制以及专业数据库，广告公司应该在全媒体业务上具备优势。

广告公司以全媒体为核心提供广告服务，从具体策略上来说，全媒体并不是将所有的媒体都捆绑起来进行套餐销售，而是需要根据广告产品的特点以及媒体特点，组织合理的产品链，将产品链上的产品进行合理延伸和适度丰富。就媒介融合的特性而言，分化与融合是同一个现象的两面，二者是有着密切联系的。全媒体平台意味着将各式媒体都集中到了一个共同的渠道，拥有了共同的平台基础，其整体表现是大而全。但是，这并不意味着全媒体提供的就是单一的媒体产品，而是针对受众个体提供细分化服务。在数字技术的支持下，广告公司提供的全媒体服务是由广告主的个性选择来实现的。比如：北京未来广告利用手上的CCTV-8和CCTV-5等央视电视资源，联合优酷（youku.com）这一极具影响力的网络媒体，推出了全媒体时代的电视、网络、赛事多方资源结合的广告服务。在这次以全媒体为平台的服务中，电视媒体与网络媒体不再是竞争和对立，而是合作互补的关系，实现捆绑套餐 1 + 1 > 2 的经济效益。其合作模式主要是将体育频道和电视剧频道所拥有的赛事资源和电视剧资源，与优酷所拥有的赛事资源和电视剧资源进行相互补充叠加，激活不同的用户属性，可以为广告主提供全媒体式服务；将央视所掌握的赛事和电视剧资源放于优酷上进行互动，激发二次效应，增强广告效果；将体育频道和电视剧频道的资源与优酷所拥有的资源进行整合，通过电视、网络和线下活动的全面推广，亦能将全媒体业务的广告效应发挥到最大。

自数字技术兴起开始，不少企业开始注意到对新媒体使用，尤其是注重与消费者沟通和一些竞争激烈的行业，因此，广告公司也越来越注重对所有媒体的深入了解与整合，力图以全媒体为核心提供服务。比如，北京电通公司极为重视为客户提供全媒体平台的业务服务，整合所有的媒介功能。电通注意到了数字技术对整个传媒竞争格局的冲击及所带来的信息传播方式的变化，于2004年自主研发了拥有知识产权的消费行为模型 AISAS（Awareness 注意，Interest 关心，Search 检索，Action 购买行动，Share 反馈共享），这一专门针对数字技术的模型表明了消费者不再被动接收信息，消费者在网络时代既能自主选择信息，同时又能传播信息和创造信息。基于以互联网传播为基础的 AISAS 模式，电通又延伸出 Cross Media Planning（跨媒介）全传播体系。这一体系以核心媒体为主，设计相关与消费者沟通的媒体，在保证使用媒体的广度与深度的基础上引导消费者从认知到实际购买。

由此可见，数字技术和网络传播促使了全媒体的形成，促使了广告公司的业务从以大众媒体为核心向以全媒体为平台转变。在这里，全媒体是根据广告主的需求和对消费者的了解来综合运用各种传播渠道和表现形式，广告代理公司客观地评估所有媒介渠道，以决定如何最佳地分配其市场营销和广告预算，希望最后能够达到投入最小化、传播最优化和效果最大化。

（二）从专业代理服务到信息服务业务

传统广告产业在我国一直是一个线性模式，广告主将广告业务托付于广告代理公司后，广告代理公司通过广告创意、广告策划、广告设计与制作等广告运动的业务运作，最后向媒介购买版面或时间，将最终的广告产品向消费者发布，完成整套广告运动流程。在广告产业链中，广告公司处于广告主和媒介的中间。面对上游的广告主，广告公司必须听令于客户，满足广告主的要求，因此，广告公司很容易受到广告客户的制约，严重缺乏创造性。据2009—2010年度中国广告业生态调查报告数据显示，2009年，64.5%的广告公司认为市场主导力量是广告主，比2008年同期高出近10个百分点。面对下游的传播媒介，广告公司一直处于劣势地位，对媒介有严重的依赖性，依赖于优质的媒介资源，这一点从我国发展较好较快的广告公司大部分是资源型广告公司就能看出。2009—2010年度中国广告业生态调查报告数据也显示出，15.8%的广告公司认为自己是广告市场的主导力量，仅有4.6%的广告主和5.9%的媒体同意这一观点。由此可见，在广告市场三方的力量博弈中，广告公司正在被逐渐边缘化。

广告公司的核心优势是创意，这一点是毋庸置疑的。但是，我们可以看到，如今广告公司的利润却是大部分来自于媒介代理，依赖于优势的媒介资源得到发展。不少广告公司在自身的发展过程中，被媒介代理的暴利所吸引，在获取巨额的广告代理费用后就完全忘记了需要提供创意和策划这些专业的广告服务。这种情况下，广告主认为既然广告公司无法提供创意策划等核心优势，何必还让它赚取这一笔中间费用呢？于是越过广告公司和媒介直接联系进行媒体发布。渐渐地，专业媒介购买公司横空出世，手握大量媒介资源的专业媒介购买公司通过雄厚的资金集体购买媒体制定低廉价格同时提供专业媒介服务，将媒介策划作为一个重要的赢利点。比如星传、浩腾媒体、传立媒体等知名媒介购买公司每年全球营业额均超过20亿美元。在广告公司的上游，也出现众多的咨询公司、市场调查公司、事件营销公司等，它们依靠自己的专业能力弥补广告公司专业性的不足，和下游的专业媒介购买公司共同分割广告代理公司的业务，挤压广告代理公司的利润，严重影响了广告代理公司的生存。面对这种情况，广告公司的业务亟须拓展。

广告公司的传统业务是提供广告创意、策划、设计、制作以及媒介代理，但是，在被专业媒介购买公司分掉一杯羹之后，广告公司的业务仅仅拥有创意与策划是不够的，还需要其他的赢利点。在数字技术的推动下，信息传播越来越迅速，我们认为，广告公司需要通过信息生产、传播和服务再次实现盈利。也就是说，凡是与信息生产、传播和服务有关的项目和业务，广告公司都可以将其纳入囊中，扩大自己的业务范围实现盈利。具体来说，广告公司可以将服务延伸到上游广告主的营销活动中，比如进行市场调查研究、战略咨询、公关代理、促销、会展策划等，同时将服务也延伸至下游媒介资源开发和信息传播的活动中，不再仅局限于媒体的代理，可以注重研发各种与人们生活需求相关的资讯平台，开发新媒体资源，最终实现将各式媒体纳入专业数据库的全媒体平台。总而言之，广告公司的业务要想实现由专业代理服务向信息服务拓展，需要积极向产业链的上游和下游延伸，拓展业务范围，转变服务模式。

二　广告公司业务重心的重构

（一）从营销传播的执行末端走向战略高端

营销传播的定义迄今为止学术界还未曾达成一个被普遍接受的定义。最早在 1976 年，德洛齐耶提出"营销传播"是提供一个市场一系列整合刺激的过程，力图激起特定的市场反应，通过渠道来接收和理解信息并导致行动，达到修改现有公司信息和产生新的传播机会的目的。费尔认为营销传播是指一个组织与其不同受众形成对话的管理过程。[①] 传统的营销传播理论，最具代表

----

① Chris Fill, *Marketing Communications: Contexts, Strategies and Applications*, 3ed, Perason Education Limited, 2002, p. 12.

性的就是美国 J. 麦卡锡教授提出的 4P 理论：产品（Product）、价格（Price）、通路（Passage）以及促销（Promotion）。其中，促销是整合传播的核心，按照这种认识，营销传播只要有适当的产品配以合适的价格，然后找到相应的销售渠道，最终配以促销的方式就能够完成营销目标。显然，传统的营销传播存在着天然的不足性，以广告主的切身利益作为考虑的前提和基准，完全没有考虑到和消费者的交流沟通，也没有考虑到消费者的实际利益点，并且，将营销与传播割裂开来，将传播当作一种促销工具，完全忽视了营销过程其本身就是一种沟通传播。随着市场环境不断发生新的变化，学者们开始拓宽 4P 的范围，提出了 5P、6P 理论。菲利普·科特勒甚至提出了 10P 理论，增加了调查（Probing）、优先（Prioritizing）、分割（Partitioning）、定位（Positioning）、公关（Public relations）以及权力（Political power）六个新的要素。不论是 6P 还是 10P，我们注意到的是，这种营销传播始终未能脱离向消费者强制促销的意识，未能达成和消费者之间的沟通。哈佛大学著名营销学家泰德·莱维特教授在麦卡锡提出 4P 要素的同时指出："根本没有所谓的成长行业，只有消费者的需要，而消费者的需要随时都可能改变。"[①]莱维特第一个发现了企业在进行市场营销时忽视了追踪消费者的需求与欲望。1990年，美国市场营销专家劳特朋提出了整合营销的概念，他认为整合营销是企业运营的整个过程中以营销为核心，生产、财务、人事等所有部门的全部活动都要以营销为目标。这一时期，营销传播由 4P 转为 4C 框架：顾客（Consumer）、成本（Cost）、便利（Convenience）以及沟通与传播（Communication）。4C 框架强调了消费者的重要性，将促销转化为传播，表明营销思路正在由单

---

① 转引自［美］唐·E. 舒尔茨《整合营销传播》，吴怡国等译，内蒙古人民出版社 1999 年版，第 10 页。

向性传播转变为互动性。菲利普·科特勒提出的营销传播概念也正视了这个问题，他认为营销传播是公司直接或者间接通知、说服和提醒消费者，使消费者了解公司出售的产品或品牌的方法。从某种意义上说，营销传播代表了品牌的声音，是一种可用来与消费者展开对话或建立关系的方法。可见，营销传播的传播主体是企业组织，通过传播各种与市场相关的信息来达到影响消费者的态度与行为的目的。营销传播能够告诉消费者很多信息，比如如何使用该产品，使用该产品后会获得什么样的收益或者回报。营销传播通过传递这些信息建立令人深刻的品牌形象，从而带来巨大的回报，打造成功的品牌资产。营销传播的组合要素有六个：广告、销售促进、事件和体验、公共关系与宣传、直接营销以及人员推销。其中，广告这一传播工具主要是指有明确的主办人以付款方式进行的创意、商品和服务的非人员展示和推广活动。[①] 众多的传播工具在营销传播过程中将传递各式不同的信息——产品的价格和样式、产品的性能、销售人员的举止和素质等——给消费者，每一次的品牌接触留下的印象都会强化或弱化消费者对企业、品牌或产品的看法。为了能够达到统一的效果，强化消费者的好印象，这些营销传播活动必须整合起来传递一致的信息以获得明确的战略定位，产生协同效应，最终实现产品销售和品牌资产增值的目的。

广告公司的核心优势是引以为豪的广告策划与创意，在营销传播过程中，广告公司通过策划与创意将企业组织想要表达的信息变为能够吸引消费者购买的理由，从而达到影响消费者购买的目的。但是，随着整合营销的发展，广告策划与创意在整个营销传播的过程中处于末端，得不到广告主的重视，甚至还遭到忽

---

① ［美］菲利普·科特勒、凯文·莱恩·凯勒：《营销管理》（第12版），梅清豪译，上海人民出版社2006年版，第600页。

视。因为在广告主看来，广告策划与创意只是一个提升消费者对品牌知晓度的"点子"，而其他的传播工具所起到的作用更加重要。销售促进可以激发消费者的购买欲望，公关能够增强消费者对品牌的好感度，人员推销可以促进销售并加强消费者对品牌的认知，直销营销更是能使品牌快速达到消费市场。我们注意到的一个事实是，众多广告公司将广告策划和创意与企业分割开来，"就广告论广告"，"就广告论策划"以及"就广告论创意"，这种基于营销传播末端的广告策划与创意就越来越无法显示其价值，只是简单地解决策略性与技巧性的问题，再高明的策划与创意也无法突破策略高度。策划与创意也有层次高低之分，所以，我们认为，在整合营销传播的背景下，广告公司的策划与创意应该从营销传播的末端转向营销传播的高端。这就意味着，广告公司的策划与创意需要站在企业发展战略的高度，不单单是这一支广告，而是要为整个企业绘制未来的发展蓝图。也就是说，广告策划与创意一方面要真正了解目标消费者的需要，深入研究市场变化，另一方面还必须深入了解生产者的企业发展规划，参与营销优化，最终从整个企业战略发展的角度为消费者提供购买信息和建议。基于营销传播高端的策划与创意，才是具有战略抉择和战略规划意义的最高层级的策划创意，这是广告公司无可替代的核心业务转型之所在。

（二）以广告活动为主到为企业提供整合营销传播服务

前面我们详细讲述过，广告公司业务的运作总是与当时所处时代的营销环境和传播环境密切相关。广告公司业务重心的不同反映了不同时代对营销传播的不同要求。20世纪80年代末期，整合营销传播观念兴起，在整合营销传播这一新的历史背景下，广告公司的业务重心必然会发生新的变化，进行新的重构。

在传统的营销传播环境下，广告活动成为企业与消费者进行沟通的主要方式，使用广告这一单一的营销传播工具就可以实现企业的营销目标。但是，随着市场竞争越来越激烈，大众媒体的传播效果正在明显下降，光靠广告营销已无法获得明显效果。可以说，任何单一的营销传播工具都无法独自成功执行营销传播，所以，企业的营销传播需要运用多种手段组合使用。自 20 世纪80 年代起，广告公司便开始了对营销传播工具的组合运用，将广告与销售促进、公共关系、直销营销以及人员推销等营销要素组合起来。比如，扬·罗比凯公司的"全蛋"计划，奥美广告公司的"交响乐"计划，安历琴广告公司提出的"网络代理"概念等，这些理念都是广告公司在新的市场环境与传播环境下自我找寻的出路，可以说，这些都是整合营销传播思想的萌芽。20 世纪80 年代末，"整合营销传播"这一概念在美国诞生，并受到业界和学界的热烈欢迎。1993 年，美国西北大学的唐·E. 舒尔茨教授出版了《整合营销传播》一书，第一次以严谨的学术语言提出并阐释了整合营销传播的概念和运作规律。这一时期出现了众多的包装公司、会展公司、事件营销公司、媒介购买公司、市场调查公司等，它们开始挤压广告代理公司的生存空间，瓜分和蚕食广告代理公司的利润。全球广告业正面临着又一次重大业务转型，从广告服务代理向整合营销传播代理转型。

整合营销传播是一个大的发展趋势，主要是指"以消费者为核心重组企业行为和市场行为，综合、协调使用各种形式的营销传播方式，对准一致的目标，通过不同的传播渠道，传递一致的营销信息，树立一致的品牌形象，实现与消费者的双向沟通，与消费者建立长久的密切关系，有效实现营销传播效果的最大化。"① 可见，整合营销传播实现的关键在于与消费者之间的沟通，要能够影响与控制消费者的感受与行为，单一的广告营销或其他单一的

---

① 张金海：《20 世纪广告传播理论研究》，武汉大学出版社 2002 年版，第 142 页。

营销传播手段都是无法达到理想效果的。因此，企业与消费者之间的沟通模式从单一广告营销为主向广告、促销、公关等多种营销传播工具综合运用过渡。在整合营销传播背景下，企业必然会要求专业公司提供各式不同的服务，对于广告业而言，则需要经历先进行专业化分工，在划分为不同的专业广告公司后重新进行整合，满足企业的需求。欧美广告业在进行专业化分工后，广告公司、公关公司、市场调查公司、事件营销公司、媒介代理公司等纷纷从广告活动中独立出来。在20世纪80年代末，这些专业公司开始由分开走向整合，通过兼并与收购，组成一个个大型广告传播集团，如WPP、IPG等，实际上它们也是整合营销传播集团。

对于企业而言，整合营销传播的服务成本远低于多个单一代理公司的成本，也更加有利于企业树立统一的形象，实现营销传播效果的最大化。西方跨国广告集团的收入中有重要的一部分就是来自于营销传播代理。以2009年四大跨国广告集团的收入为例（参见图6-1）：WPP集团的传统媒体收入占集团经营总收入的44.3%，客户关系管理占集团经营总收入的37.4%，专门代理的收入占集团经营总收入的9.1%，公共关系和公共事件的收入占集团经营总收入的9.2%；Omnicom集团的传统广告收入占集团总收入的38.7%，消费者洞察收入占集团经营总收入的26.5%，公共关系的收入占集团经营总收入的9.2%，品牌和医疗健康传播的收入占集团经营总收入的25.7%；阳狮集团的专门代理及营销服务收入占集团经营总收入的44%，广告收入占集团经营总收入的35%，媒介代理的收入占集团经营总收入的21%；埃培智集团的收入比例显示，广告和媒介代理的收入占集团经营总收入的68.7%，市场营销服务的收入所占比例为10.7%，CMG营销策划公司的收入占集团总收入的15.2%，医疗保健传播的收入占据5.4%的比例。从以上跨国广告集团的业务构成和比例分布可以看

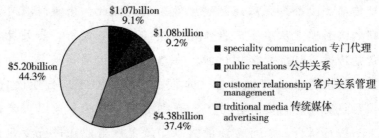

2009，WPP's worldwide revenue by discipline WPP 集团业务收入分布比例

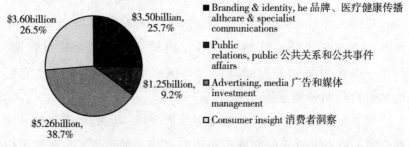

2009，Omnicom Group's worldwide revenue by discipline 奥姆尼康集团业务收入分布比例

2009，Publics Group's worldwide revenue by discipline 阳狮集团业务收入分布比例

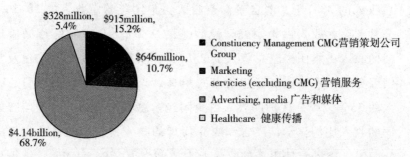

2009，Interpublic Group's worldwide revenue by discipline 埃培智集团业务收入分布比例

图 6 - 1　2009 年四大跨国广告集团业务收入分布比例

资料来源：Advertising Age，Agency family trees 2010。

出来，广告已不再是集团收入中的唯一，营销策划、公共关系、媒介代理、医疗保健传播以及客户关系管理等业务也已经成为集团收入的重要组成部分。广告公司的业务从以广告活动为主向整合营销传播代理的转型，在西方发达国家的大型广告集团已经开始实现，这些大型广告集团实质上就是营销传播集团。

我国广告公司业务的重心由广告活动代理向整合营销传播代理的转变有特定的市场背景：其一，中国自1978年起，经过近二十年的改革开放和经济高速发展，终于在1997年告别了短缺，形成了买方市场，1998年，我国的经济发展由供给约束型转为了需求约束型。市场环境的改变，促使中国企业开始由以产品为中心逐步走向以消费者为中心，也更加重视多种营销传播手段的组合运用。其二，广告公司在与广告主和媒体的博弈中处于弱势地位，我国广告公司在广告主与媒体的双重挤压下，面临着严峻的生存压力。同时，广告公司之间的竞争也非常激烈，为了争夺客户，有的广告公司不惜以本伤人，压缩策划创意，推出"零代理"甚至"负代理"业务，严重影响了广告业的正常秩序。在这双重市场背景下，中国广告公司业务重心的重构成为一种必然趋势。

广告公司的业务重心由广告活动向整合营销传播服务转变，是广告核心业务变迁的一种表现，即从广告策划创意和媒介代理业务，逐步发展到将广告、公共关系、销售促进、事件营销、媒介代理等多个营销传播业务都囊括其中。从广告公司的角度来说，这种重心重构面临着一定的困难。在传统专业广告公司中，每个广告公司都有自己的核心业务，有的侧重于创意，有的侧重于策划，有的侧重于设计，有的侧重于媒介代理。但是，在广告公司提供整合营销传播服务时，企业就要求不论是创意策划、公共关系还是媒介代理，广告公司必须样样都精通。广告公司若是想做到样样精通，就必须提供大量的人力、物力和财力，招揽各方面人才，扩大公司规模，调整公司结构，最后做到既要全面发展又能专业精通。

第三节　数字与整合营销传播背景下广告公司业务运作方式的转型

一　广告的泛形态化与资讯化

数字技术是继印刷技术和电波技术之后，人类历史上第三次重大的传播技术革命。数字技术的出现，导致了大批新媒体的诞生，比如网络媒体、数字电视等。因为广告信息的传播是以媒介为载体，所以新媒体的出现也使得广告媒介必然发生变化，比如网络广告、手机广告、户外视频广告等，出现新的广告生存形态。

数字技术打破了传媒产业内部的界限，以往各自独立的电视、广播、杂志等传统大众媒介和网络、手机等新媒介开始融合，形成相互渗透、相互包容的媒介形态。这造成部分传统广告形式与部分新媒体融合渗透形成了新的广告媒介形态，同时，这也是传统大众广告生存的另一种方式，即传统广告形式以网络等新媒体为依托，实现自身的数字化转型与网络化生存。比如，旗帜广告是报纸和杂志的传统广告在网络中的延续，它的尺寸、符号以及创意思路都是脱胎于传统平面广告，通过超链接和网络动画效果等新媒体特点在互联网上大放异彩。旗帜广告既可以如同传统广告一般静态显示，也可以配有动画、漂移等传统广告无法具备的动态效果。还有基于户外视频平台而诞生的户外视频新媒介广告，如公交视频广告、楼宇视频广告等。不同的广告媒介形态能够互相融合，主要原因在于不同形态的媒介在技术上能够融合，比如以网络为代表的数字技术和以电视广播为代表的电波技术具有极高的兼容性，它们之间的技术融合使得传统广告在新媒体中得到了延续性生存。数字技术是媒介传播技术的第三次重大进化，数字技术的不断发展促进了新媒介的不断发展变化，最后直接导致了新媒介广告形态的多样化。一般来说，最为典型的新媒介广告形态是网络广告、手机广告和数字电视广告。"从现状来看，网络广告、手机广告、数字化过程中的电视广告是当今广告传播技术数字化的代表。"① 除此之外，我们还要注意的是，还有大批多种多样以互联网为基础而诞生的网络新媒介广告形态，比如，搜索引擎广告、电子邮件、富媒体广告等，其实质是对互联网应用不断进行扩展而衍生出来的新形态。这些基于网络平台衍生的新媒介广告是网络广告分众化的体现，具备直接接触和深入了解分众用户的先天优势，拥有传统广告所不具备的发展潜能。

随着数字技术与网络传播的发展，单独占有媒体时间和空间的传统广告逐渐减少，网络广告形式逐渐多样化。我们可以看出，网络广告在媒体时间和空间上的体现不再清晰可辨，而是逐渐消融。也就是说，基于网络平台诞生的广告很难有明确形式，无固定形态，趋于消融中，因此，我们将之称为"泛形态化"。数字与网络传播的背景下，泛形态化的网络广告给受众提供了全面的能满足其需求的信息内容，使得网络广告呈现出资讯化的趋势。我们看到，数字技术使得广告成为一个资讯平台，既有广告主向消费者传播相关产品信息，也有消费者发布有关商品需求和出售的信息；广告的信息通道既有大众传播媒介，也有个人数字媒介；广告既有针对群体的信息传播活动，也有针对个人的信息传播活动。这就是我们之前所提到的广告专业数据库。在专业数据库中，消费者可以查询任何自己感兴趣的广告信息，也可以和

---

① 舒咏平：《数字传播环境下广告观念的变革》，《新闻大学》2007 年第 1 期。

其他购买者进行信息交流，还可以发布自己想要销售或购买的商品信息。可以说，在广告专业数据库中，每个人都可能同时担任买家和卖家，即商品信息发布者与接收者两个角色。

广告的资讯化意味着提供所有有关供给和需求的商品商务信息，可以满足消费者对商品完全信息的需求。也就是说，不同于广告片、平面广告等传统广告的简单集中，广告资讯化将会为每一个产品提供最完整的产品信息查询，提供有说服力的信用评价，提供大量购买者之间的沟通，将会最大程度地消解买方和卖方之间的信息不对称现象，全力实现完全广告信息传播。

广告的资讯化是在数字技术背景下产生的，也就是将相关数据集合，在使用和输出的过程中，又将信息进行重新组合，实现媒介信息的价值再造。消费者只需打开接收终端，比如与网络连接的电脑、电视、手机等，登录到广告数据库中，就可完成相关广告信息的检索。在消费者检索的过程中，浏览器将数据传递给网站，网站会根据消费者检索的产品次数做出排序，介绍消费者感兴趣的产品；也会根据受众未能检索到的资讯反映给广告主，迅速地填补信息。广告的资讯化可以为受众提供海量多元的商品及品牌信息，不仅可以大大降低信息搜索的成本，也能满足不同受众的个性化需求。

二 商业资讯的平台化运作

平台这一术语来自于计算机操作系统，以前一个硬件与一套软件配套，如今是一个硬件可以与多种不同的软件配套，实现不同的应用功能；同时，同一套软件也适用于不同的硬件。用户使用操作系统这一平台实现硬件与软件之间的驱动使用，从而完成各种任务。可见，平台就是实现双边或多边主体之间的融合沟通。

传统大众传播媒介的传播方式是单向传播，由媒介充当把关人，受众只能被动接收广告信息。新兴的数字技术改变了这一状况，信息的双向传播是数字新媒介所独有的特点，它可以与受众进行交流互动，实现双向互动传播。传统大众传播模式是"推"模式，即发送者把信息推给接收者，而互联网模式是一种"拉"模式，即接收者只拉出他或她所需要的信息。[①] 这就意味着，数字技术为传受双方提供了平台，双方主体只要通过网络接口接入这个交互场所，就能实现和另一方中任何主体的沟通。

网络广告的商业资讯化可以提供海量信息，为了能够让细分的受众群体获取尽可能多的完整资讯，广告公司要善于利用平台，通过论坛、BBS、搜索引擎等各种方式将广告商品及品牌信息传播出去，达到营销的目的。对于广告公司而言，要找准平台，这个平台必须能够有效处理网络广告的资讯化，实现传受双方的交流沟通。从受众的角度来说，受众可以通过一个平台满足对各类信息的所有需求；从广告公司的角度而言，广告公司可以通过一个平台对受众进行全方位的广告传播。平台的核心功能在于聚合、协调、重组以及交互。广告公司的业务进行平台化运作，要注意培育平台的双边（或多边）的主体需求和主体利益。我们认为，在网络广告的商业资讯化背景下，广告公司业务运作的平台化需要选择两个平台：一个是整合营销传播平台，另一个是营销与传播平台。

围绕着整合营销传播平台，广告公司的传统业务运作方式将被打散，重新组合。广告公司的传统业务是策划、创意与设计等，围绕着整合营销传播平台，广告公司将广告与销售促进、公共关系、直销营销以及人员推销等营销传播工具组合起来。以整合营销传播为平台，企业和消费者之间的沟通模式从单一的广告

---

① 舒咏平：《碎片化趋势与"广告载具"的微观承接》，《现代传播》2007年第2期。

营销向广告、促销、公关等多种营销传播工具综合运用过渡。

营销与传播平台则是在海量信息的基础上，将信息流与物流合二为一。广告公司利用网络打造一个互动、开放、海量信息且黏着度极高的平台，在这个平台上，展开商品交易，大力发展电子商务。这个平台拥有海量信息且存取自由，受众、企业和广告公司都可以使用。软文、硬广、展会、促销等都可以在这个平台上实现。我们要注意的是，这种电子商务不同于传统的营销方式，电子商务的实现需要将信息流与物流合二为一。这个平台拥有全面系统的广告信息，并囊括了消费者的信息数据，可以说，完全具备了信息流这一基础。除此之外，要想成为一个商品交易平台，信息流还需要与物流相结合，消费者根据自身需求通过网络搜寻到数据库内相关信息，与商家结算后，使用物流配送，最终完成交易。因此，我们认为，不能仅仅将网络广告的资讯化当作一个信息平台，应该将物流与信息流相结合，发展电子商务，实现广告对消费的促进，体现其市场利销的功能。

三　广告公司业务的整合化运作

规模扩张—资源整合—效益最大化，三者之间存在着必然的逻辑联系。广告公司只有在规模扩张的基础上进行有效的资源整合，才能实现规模经济，走向利益的最大化。整合是指资源的重组和优化，这是广告公司规模扩张后的核心问题。整合营销传播是一个大的发展趋势，自 20 世纪 80 年代末，整合营销传播这一概念自美国诞生，就受到全世界业界和学界的欢迎。这一时期开始出现众多的会展公司、媒介购买公司、设计公司、事件营销公司以及市场调查公司等，它们的出现严重挤压了广告代理公司的生存空间，广告代理公司的业务面临着整合化运作。

广告公司的规模扩张只是实现了资源在数量上的积累，并未实现资源利用的实质性飞跃，整合化运作意味着充分利用资源配置，实现经济效益最大化。整合化运作是广告公司经营的根本取向，也是规模扩张之后的必然发展要求。广告公司业务的整合化运作包括以下四个方面。[①]

观念整合。观念整合是属于思想层面的一种内在推动力，只有具有了实质整合的观念，才能有实质整合的行动。

行为整合。在观念整合的基础上，行为整合对其产生了回应，主要包括组织结构的整合和经营运作方式的整合。比如阳狮集团，最初只是一家专做平面的广告公司，随着业务扩展发展成为全面代理广告公司。1996 年，阳狮更换总裁后，先后在全球收购了李奥贝纳、达美高、盛世长城等多个广告公司，还吞并了实力媒体、星传媒体等媒体购买公司，成为全球知名广告集团。阳狮在收购完成后，为了避免分公司的各自为政、缺乏统筹等情况的出现，阳狮开始对集团内的组织结构和运营方式进行整合。比如百年老店达美高在阳狮的全球战略中担负的所用有限，于 2002 年被阳狮关闭。随着媒介采购在集团中的作用越来越明显，阳狮将实力传播和星传媒体的媒体业务整合，在中国成立博睿传播，成为中国第一大广告媒介采购集团。至此，阳狮集团的主要业务由广告代理服务扩展到媒介服务、媒体经营、公共关系服务和市场营销服务等。

资源整合。经济组织是各种资源的结合体，并对资源进行系统安排以实现一个共同的目标。对于广告公司而言，若想实现以广告整合其他营销传播工具，必须首先将受众资源、客户资源以及人才资源进行整合。比如 WPP 集团旗下的群邑媒介集团，它是一个包括了传立、迈势、竞立、尚扬与宝林户外在内的媒体公司

---

① 参见杨步国、张金海《整合：集团化背景下的报业广告经营》，武汉大学出版社 2005 年版，第 224—226 页。

整合成立的母公司。整合化运作不仅可以降低运营成本，还可以通过对客户资源的整合开展不同业务，避免分公司为了同一业务而兵戎相见，实现协调发展。群邑就是根据旗下各公司的特点，进行整合优势互补，拥有更强大的优势。

业务整合。广告公司的优势在于整合，应该借助广告业务的平台去做整合传播。中国企业在 20 世纪以对外贸易和机械制造为主，现在中国企业开始打造自己的品牌，重视品牌和声誉，客户对广告公司有强烈的整合传播的要求。广告公司拥有广告业务这个良好的平台，加上客户的需求，应该积极主动协调所有渠道，实现业务的整合化运作。这就意味着，广告公司一定要以广告这一工具去整合促销、展会、事件营销等其他营销工具，满足客户的整合要求。

四 大数据时代广告公司的技术变革

中国互联网络信息中心发布的《第 36 次中国互联网络发展统计报告》显示，截至 2015 年 6 月，中国网民规模达 6.68 亿人，半年共计新增网民 1894 万人；互联网普及率为 48.8%，较 2014 年底提升了 0.9 个百分点；中国手机网民规模达 5.94 亿人，较 2014 年底增加 3679 万人；网民中使用手机上网人群占比由 2014 年底的 85.8% 提升至 88.9%。随着人们在互联网上花费的时间和金钱越来越多，广告主也越来越重视网络媒体的广告评估和投放。随着大数据在广告行业的深入发展，广告业的原有思维被打破，从预算分配到投放调整、到事后评估，都发生了翻天覆地的变化，整个广告行业被改变，传统广告公司内部也面临着诸多要素的变革。

传统广告公司首先面临的是数字技术这一要素，这一要素成为不少传统广告公司转型的拦路虎。过去传统广告公司依靠的是艺术、才华、创意和经验，主要是一种定性的研究方法，加上小范围的市场调查类的定量研究。而在大数据时代，海量数据离不开定量分析和数理分析。比如，传统的定量研究是使用问卷调查、电话访谈、深入访谈等方式，范围较小，获取的信息数量也较少；而如今，我们可以通过追踪、记录、分析用户在网络上的行为，经过大数据的采集分析，可以详细知道用户的地址、流量来源、兴趣爱好甚至消费习惯，几乎可以精确到个体的所有层面。大数据引发了海量数据爆发，使得大数据成为一门技术，广告公司需要借助数字技术手段来提升海量数据的覆盖能力和处理能力。再者，随着互联网使用率的提升，消费者的需求也越来越个性化，其偏好在不同地点、不同时刻和不同的人交流都会发生变化，如何利用大数据这一技术工具满足当时当下消费者的需求，成为广告公司必须解决的一个问题。

大数据时代，广告公司面临全新的互联网思维和数字化运作，这种技术上的变革要求广告公司必须进行革命，迅速向数字营销领域进行拓展，这也是广告产业转型的必然趋势。近年来，依托于数字技术这一核心竞争力，广告公司的转型可以分为以下三类。

第一类是独立发展的数字广告公司，这一类型的广告公司拥有专业的数字技术人才和数字营销人才，能够开发专业的程序化广告软件和数据分离处理软件，具有极强的大数据技术服务优势。需要注意的是，独立型数字广告公司由于拥有数字技术这一利器，比传统广告公司能够更加快狠准地抓住消费者的注意力，因此，除了提供广告创意之外，它们还提供 APP、实体产品和让人满意的用户体验。这一类公司一般需要通过吸引风险投资或者上市等融资方式来实现快速发展壮大。比如，聚集在美国西海岸的广告公司大多属于这一类型。Rocket Fuel 是由 Yahoo! 公司的前资深员工 George John、Richard Frankel 和 Abhinav Gupta 于 2009

年成立，其天生带有数字技术和社交的基因，被称为"美国硅谷增长速度最快的广告技术公司"。该公司 2013 年 9 月在纳斯达克挂牌交易，融资 1.16 亿美元，为公司估值近 10 亿美元。该公司作为一家数字广告解决方案提供商，它们从广告网络交易所购买网络广告展示位，然后通过使用人工智能、预测模型和数据驱动瞄准等技术，提高广告的瞄准程度，经过处理后出售给客户，帮助客户找到更合适的位置投放广告，以提高广告主的销量。

第二类是依托于大型互联网企业的发展模式。一般分为两种，一种是大型互联网企业自己投资组建数字广告公司，其大数据资源、技术优势、客户资源等都可以直接使用，有效提升广告传播效果，实现精准投放。比如，Google 和 Facebook 两大互联网巨头就已经在中国投资设立数字广告公司和办事处。另一种则是传统广告公司和大型互联网企业进行合作，广告公司具有创意和经验优势，大型互联网企业具有大数据资源优势和优质数字媒体资源优势等，二者友好合作发挥各自优势，从而能够在数字营销方面得到更好的发展。比如 2014 年，国际互联网巨头 Google 取代默多克的新闻集团成为 WPP 集团的第一大媒介合作伙伴。阳狮集团旗下媒介代理公司 Media Vest 主要为可口可乐、丰田汽车等大客户服务，它们在 2013 年 10 月与 Google 达成了几千万美元的交易，承诺自己的客户将于 2014 年起在 Google 上投放广告。

第三类是依托于大型广告集团的发展模式。一般也分为两种，一种是广告集团内部增设数字营销部门或者自己组建新的数字广告公司。例如，DDB 广告公司在新加坡的分公司招聘了 28 名拥有工程师背景的技术专家，他们每天的工作是运用新技术做各种创意；2012 年 6 月，广东省广告股份有限公司投资设立全资子公司广东赛铂互动传媒广告有限公司，积极进入数字营销传播领域。另一种则是通过并购的资本运作方式进行转型，大型广告集团通过并购一家或几家发展较好的数字广告公司，既能进行产业扩张，又能快速将业务拓展到数字营销传播领域。比如蓝色光标于 2015 年 6 月，以 2.89 亿美元收购多盟 95% 的股权，以 6120 万美元收购亿动 51% 的股权，这是两家中国最大的移动广告行业的公司。蓝色光标收购这两家移动广告公司，完善了自己的营销产业链，实现了弯道超车计划。需要注意的是，依托于大型广告集团的数字广告公司，同时拥有先天的数字营销策划创意优势以及整合营销传播代理优势，这是其他发展模式的广告公司无法比拟的。

大数据时代，正在深刻影响着整个广告产业格局，其中，广告公司从传统媒体向数字媒体广告经营业务积极拓展，向数字营销传播公司转型发展已经成为广告产业发展的战略选择。

五 中国本土广告公司业务转型的实践探索

在传统的营销模式下，广告公司针对传统大众媒体所需要做的只是策略、覆盖和到达。然而，随着数字传播与整合营销传播的发展，传统的传播方案已不再高效，这迫使传统广告公司开始从理念、架构、技术以及产品上进行改变，逐步摸索业务转型。与发达国家的广告公司相比，中国本土广告公司业务转型开始得比较晚，但是，依然有一些本土广告公司在业务转型的过程中脱颖而出。

（一）华扬联众（Hylink Ad）

华扬联众成立于 1996 年，在 2002 年之前，该公司是只做传统的广告业务，一年有几千万元的营业额。自 2003 年起，华扬联众在客户的建议下无意中进入了互联网领域，用两年的时间成功转型为提供互联网及数字媒体领域全方位服务的广告公司，并致力于提供跨媒体领域的整合营销服务，营业额达到 1 亿元人民币。多年来，华扬联众服务于国内外各行业领先客户，通过对策略、创意、媒介整合和行业发展的深度洞察，帮助它们在 e-Marketing 方面取得不断的成功。公司曾多次荣膺国内及国际创意大赛的诸项殊荣，其中包括中国互动网络广告创意奖、中国 4A 创意金印奖、金手指网络奖等奖项。此外，华扬联众在过去四年中，几乎包揽了所有中国地区唯一的最具价值互动代理公司奖，所占市场份额及营业规模均处于领头羊位置。

（二）广东平成广告有限公司

平成广告成立于 1995 年 10 月，成立初期，也是一个只做传统业务的传统广告公司。自 2006 年起，历经三年时间，向数字营销领域进行了全方位转型。在三年中，平成广告不断地适应新媒体环境的需要，对自身的经营理念和服务模式进行调整和创新，成为以数字技术为基础的传播管理公司。平成广告公司的总部结构发生了变化，在利润中心增加了消费者认知研究、视频、数字大本营和电子商务四个板块，并增加了人事部与法规部，以应对新的市场变化。同时，在数字传播与整合营销传播背景下，平成广告还成立了品牌与数据部，将自身品牌与利润中心形成的数据库模型转入数据部中，并在运营中心中解决客户、策划、媒体以及流程，增强在新的营销传播环境下发展的安全性。

平成广告利用数字技术建立了数字营销的互联网互动平台，在这个平台上，平成广告将其变成数据发掘重心，重点做语义网络分析和超文本测量方面的工作，最终实现在全媒体上的整合化运作。比如，汶川地震时，平成为云南白药做的彩虹急救项目，一个版本在电视媒体上播放，一个版本在地震的第二天就做成一个网站上线了。在平成广告的运作下，云南白药彩虹急救包的网站变成面向突发性事件的一个平台，既有汶川地震的实时报道，也有彩虹急救包在灾区的使用视频，将广告传播效应发挥到最大。

（三）上海圣峰营销传播机构

上海圣峰营销传播机构成立于 1997 年 8 月 8 日，最初是一家媒体代理发布公司，名为"上海圣峰广告有限公司"。经过十多年的发展，圣峰广告逐渐成长，业务范围逐渐拓展，成为一家由圣峰广告、上海圣峰文化演艺有限公司、上海圣吉伟丰文化传播有限公司、北京华茂圣峰广告有限公司、上海圣峰路秀展览展示服务有限公司以及成都、西安、长沙等办事处组成的多元化专业广告传媒集团。

圣峰广告在业务转型过程中，整合了圣峰广告、圣峰公关、圣峰路秀、圣峰演艺、圣吉伟丰（媒介）、圣峰制作六个子公司，将其作为六大服务平台，为客户提供一站式整合营销传播服务。2009 年，圣峰为百威啤酒公司服务时，通过整合旗下六大资源平台，发挥服务优势，为百威成功举办了包括公关、明星演艺、广告、创意设计、媒体发布等服务在内的公关主题活动。

（四）秒针系统

秒针系统是中国领先的大数据第三方广告技术公司。成立于 2006 年，总部位于北京，在上海、广州和新加坡设有办事处，拥有超过 300 名全职员工。秒针目前日均处理数据超过 3TB，拥有日均处理 1000 亿访问请求的数据处理能力，累计存储、处理数据超过 3PB。秒针独特的 Moment Tracking 技术，可以帮助企业主及其代理公司、网络媒体有效评估和优化数据利用效果，提升投资回报。包括宝洁、微软、大众、欧莱雅、可口可乐、YUM！等众多国际知名品牌都在使用秒针的产品和服务优化其数据投入，提升投资回报。秒针自 2012 年进军日本市场开始，就拉开了打入国际市场的序幕。2014 年，秒针将 IGRP 的评估方法及 Admonitor + Mixreach 产品推广到东南亚 13 个国家和地区，包括新加坡、印尼、中国台湾、日本和中国香港等，使其在亚洲市场覆盖达到90%。秒针系统 CTO 吴明辉介绍，秒针在为广告主及其代理公司服务的同时，也在帮它们管理广告数据。在与群邑合作的四年时间里，已经累积了 3502 个广告活动的数据，这些数据不但能帮助广告主及其代理公司了解在过去四年中数字媒体广告投放的效果，形成与行业的对比，还能根据历史数据更好对广告投放进行优化。秒针的大数据服务，也从最初的互联网广告监测，到跨媒体预算投放优化，再到实时竞价的第三方广告交易平台。这些都基于秒针的数据积累，数据越大，算法越精准，数据的价值也就越大。

（五）北京品友互动信息技术有限公司

品友互动成立于 2008 年，作为中国互联网广告人群实时竞价（RTB）市场的领导者，是目前中国最大的 DSP（需求方平台），成功对接了淘宝、谷歌、腾讯、新浪、百度、优土、秒针等中国主流广告交易平台（Ad Exchange）36 亿的媒体流量，为广告主实现了 5 倍以上的广告效果提升，获得了海内外广泛关注。品友互动率先在广告技术领域采用大数据研究方法，搭建多个以 Hadoop 为基础的云计算平台，成为大数据在广告技术领域应用的实践者，其自主研发的 OPTIMUS 优驰 TM 系统，成为中国第一个基于海量数据的广告智能优化平台，品友互动拥有完整的产品线，可以在 PC 端、视频端和移动端进行 DSP 广告投放。

品友互动拥有中国最庞大的人群数据覆盖，包括 8.1 亿 cookie 人群分析，率先在中国采用按照人群类目体系分析方法，创建 5000 多个人群分析细分标签，品友互动的人群分析模型和广告优化算法均获得了国家专利。品友互动的 DSP 有两种盈利模式：第一种是股票软件模式，软件交给广告主自己进行操作，品友收取软件系统服务费；第二种是基金模式，基金公司之间的竞争力就好比 DSP 之间的竞争力。通过 DSP 专门优化师来帮助他操盘，更有效保证广告投放公平性。

（六）新意互动广告有限公司（CIG）

新意互动成立于 2002 年，总部设于北京，在上海、重庆、广州、南京、武汉、长春等地设有分公司，拥有员工近 500 人。凭借聚集多年丰富的网络全案代理丰富经验，CIG 已成为中国最大的网络营销全案代理商之一。凭借 15 年的互联网数字营销全案代理经验，新意互动在业界赢得良好口碑，目前已成为中国经典传播虎啸大奖、金鼠标·网络营销大赛、金网奖、金瑞营销奖、中国创新营销奖、时报华文广告金像奖、社交网络营销金蜜蜂奖等数字、广告、营销行业的众多专业评比的评审。自 2003 年起，新意互动以平均每年 75% 的增长速度高速发展。

新意互动的服务体系分为三大部分：客户服务体系、数字品牌体系、效果营销体系。"客户服务体系"涵盖了从潜在客户到现实客户的完整客户生命周期。通过先进的数据采集和分析平台，实现客户关系营销和客户全生命周期个性化管理。"数字品牌体系"是基于数字化生存的，囊括了移动互联网和社会化媒体的内容。整合了全新的媒介平台，在这种新的媒介环境中，消费者与品牌形成了共生、共存、共荣的价值链，打破了以往的所有传播理论。消费者正在通过各种媒介参与品牌发展，因此，数字时代的品牌，考虑的是如何与消费者拥有共同的价值观，满足他们的客观和主观需要。"效果营销体系"有两个核心目标：其一，找到核心的目标用户，向他们做一对一的传播；其二，根据消费者不同的消费者行为阶段，采取差异化的传播诉求来打动他们，基于大数据的效果营销提高了营销的时效性，投资回报会更好。[1]

---

[1] 萧立晔：《大数据时代下的生存之道》，《广告大观·综合版》2013 年第 10 期。

结　语

中国正处在转型期间。纵观西方发达国家大国崛起的历程，无不产生了许多新的纷争和矛盾，经历了产业转型的过程。中国也一样，这一时期出现的纷争与矛盾标志着经济、文化与制度的转型。

广告产业作为一个高关联度的产业，其发展往往与整体经济的发展和相关产业的发展，呈现很强的相关性，其发展会对国民经济体系中其他产业产生波及效果。因此，广告业被称为"国民经济的晴雨表""市场经济的风向标"。中国广告业恢复发展三十余年来，广告业营业额年均增长幅度达到两位数，已成为推动民族品牌创建和创意经济发展的重要产业，目前已居世界前五位，这是值得每个广告人骄傲的。但是，在广告业繁荣发展的背后却隐藏着深层次的危机。广告产业高度分散、高度弱小的状况一直没有改观，粗放式经营导致广告业沦为劳动密集型产业。十七大以来，国家颁布的一系列国家经济发展战略中，有三项内容对中国广告业而言尤为重要：转变经济发展方式、加快发展现代服务业和大力发展文化创意产业。在这三个有关经济战略的重大背景推动下，中国广告产业的发展方式必然面临转型，从一般服务业转型为文化创意产业，从集群化走向规模化发展。

数字技术的全球勃兴源于 20 世纪 80 年代，技术变革引发了传统媒介无可挽回的衰落，同时导致了数字新媒体成为传播的主导力量。媒介传播形态的革命性变迁，对传统广告的生存形态造成了巨大影响。当媒介数字化发展到数据库生存的终极形态时，未来广告的重要生存形态也将演变成为专业数据库生存。整合营销传播也兴起于 20 世纪 80 年代，目前已从理论层面转入实践操作阶段，越来越多的企业以整合营销传播作为战略指导思想。为了满足企业对整合营销传播的需求，广告代理公司开始逐步转型为整合营销传播代理机构，从而引发了广告产业形态的重大改变，由提供单一广告代理服务的广告产业走向提供广告、事件营销、公关、市场调查等多元化服务的"大广告产业"。为了实现"大广告产业"这一目标，我们认为广告产业链需要进行重构，并对广告公司组织结构进行调整。

国家经济发展战略的变化所造成的只是中国广告产业发展方式的转型，而数字传播和整合营销传播还推动了全球广告业从服务模式、服务内容到产业形态的整体性变迁和整体性转型。"公关第一，广告第二"的广告消亡论很早就给我们敲响了警钟，广告业不能故步自封，广告公司需要适应环境对传统观念和服务模式进行变革与创新，这样，广告不仅不会消亡，还会成为营销传播工具的主导，引领营销传播前行。在此基础上，我们认为，广告公司必须实现业务重心的重构，走向代理业务的全媒体平台化、资讯化、整合化运作。

转型与创新这一话题意义重大，是当下中国广告业乃至世界广告业面临生存与发展不可回避的话题，涉及诸多层面。本书更重要的意义或许在于选题的提出，以及对这一选题做出的理论阐释的初步尝试。本书仍然存在诸多的不足之处，由于缺乏实践经验，对广告公司具体运作层面把握可能不够准确全面，偏于一般性梳理，缺乏针对性和实践性；缺乏更加充分的案例材料来证明观点的正确性；针对大数据环境下的广告业变革研究得不够深入；本书主要是逻辑推理和判断，对于有些理论工具的使用不够完整全面。针对这些不足，在接下来的研究中将进一步深入力图解决问题。

主要参考文献

一　译著类中文文献

［1］［爱尔兰］安德鲁索、雅各布森：《产业经济学与组织》，王立平等译，经济科学出版社 2009 年版。

［2］［德］沃夫斯岱特：《高级微观经济学——产业组织理论、拍卖和激励理论》，范翠红译，上海财经大学出版社 2003 年版。

［3］［美］阿若德：《经济学》（第 5 版），沈可挺等译，中信出版社 2004 年版。

［4］［美］奥尔森：《国家的兴衰：经济增长、滞胀和社会僵化》，李增刚译，上海人民出版社 2007 年版。

［5］［美］毕海德：《新企业的起源与演进》，魏如山、马志英译，中国人民大学出版社 2004 年版。

［6］［美］佛罗里达：《创意经济》，方海萍、魏清江译，中国人民大学出版社 2006 年版。

［7］［美］凯夫斯：《创意产业经济学——艺术的商业之道》，孙绯等译，新华出版社 2004 年版。

［8］［美］曼昆：《经济学原理》，梁小民译，生活·读书·新知三联书店、北京大学出版社 1999 年版。

［9］［美］萨缪尔森、诺德豪斯：《微观经济学》，萧琛等译，人民邮电出版社 2007 年版。

［10］［美］斯泰尔等：《技术创新与经济绩效》，浦东新区科学技术局、浦东产业经济研究院译，上海人民出版社 2006 年版。

［11］［美］熊彼特：《经济发展理论——财富创新的秘密》（精华本），杜贞旭、郑丽萍、刘昱岗译，中国商业出版社 2009 年版。

［12］［美］迈克尔·德托佐斯等：《美国制造——如何从渐次衰落到重振雄风》，惠永正等译，科学技术文献出版社 1998 年版。

［13］［美］菲利普·科特勒：《营销管理：计划、分析、执行与控制》，惠永正等译，上海人民出版社 2003 年版。

［14］［美］格罗斯罗、赫尔普曼：《全球经济中的创新与增长》，何帆等译，中国人民大学出版社 2003 年版。

［15］［美］吉利斯、波金斯等：《发展经济学》，彭刚、杨瑞龙译，中国人民大学出版社 1998 年版。

［16］［美］凯文·曼尼：《大媒体潮》，苏采禾、李巧云译，时报文化出版社 1996 年版。

［17］［美］理查德·L. 达夫特：《管理学》（第五版），苏采禾、李巧云译，机械工业出版社 2005 年版。

［18］［美］洛林·艾伦：《开门：创新理论大师熊彼特》，苏采禾、李巧云译，吉林人民出版社 2003 年版。

［19］［美］迈克尔·波特：《竞争优势》，陈小悦译，华夏出版社 2005 年版。

［20］［美］乔治·贝尔奇、迈克尔·贝尔奇：《广告与促销：整合营销传播视角》，张红霞、庞隽译，中国人民大学出版社 2006 年版。

［21］［美］乔治·贝尔齐、迈克尔·贝尔齐（1997）：《广告与

促销：整合营销传播展望》，张红霞、李志宏译，东北财经
大学出版社与 McGraw Hill 出版公司 2000 年版。

［22］［美］斯科特：《城市文化经济学》（文化创意产业译丛），
董树宝、张宁译，中国人民大学出版社 2010 年版。

［23］［美］汤姆·邓肯等：《品牌至尊：利用整合营销创造终极
价值》，廖宜怡译，华夏出版社 2000 年版。

［24］［美］唐·E. 舒尔茨等：《全球整合营销传播》，何西军等
译，中国财政经济出版社 2004 年版。

［25］［美］唐·E. 舒尔茨等：《整合营销传播：谋霸 21 世纪市
场竞争优势》，吴怡国等译，内蒙古人民出版社 1998 年版。

［26］［美］谢泼德等：《产业组织经济学》（第五版），张志奇等
译，中国人民大学出版社 2007 年版。

［27］［意］安东内利：《创新经济学新技术与结构变迁》，刘刚
等译，高等教育出版社 2006 年版。

［28］［英］亚当·斯密：《国富论——西方经济学圣经译丛》，唐
日松译，华夏出版社 2005 年版。

［29］［英］约翰·霍金斯：《创意经济，如何点石成金》，洪庆
福、孙薇薇、刘茂玲译，上海三联书店 2006 年版。

［30］［英］克里斯托弗·弗里曼：《技术政策与经济绩效：日本
国家创新系统的经验》，张宇轩译，东南大学出版社 2008
年版。

二 国内论著类中文文献

［31］北京交通大学：《2008—2009 产业经济前沿与热点》，北京
交通大学出版社 2009 年版。

［32］陈刚等：《新媒体与广告》，中国轻工业出版社 2002 年版。

［33］陈佳贵：《2009 年中国经济形势分析与预测》，社会科学文

献出版社 2009 年版。

[34] 陈劲主编：《演化与创新经济学评论》（第 3 辑），科学出版社 2009 年版。

[35] 陈培爱：《创意产业与中国广告业》，厦门大学出版社 2008 年版。

[36] 陈钊：《经济转轨中的企业重构：产权改革与放松管制》，上海人民出版社 2004 年版。

[37] 崔杰：《产业结构调整与企业外向型经济发展：基于广州市经济发展的实证研究》，中国经济出版社 2006 年版。

[38] 邓伟根：《产业转型：经验、问题与策略》，经济管理出版社 2006 年版。

[39] 邓伟根：《产业经济学研究》，经济管理出版社 2001 年版。

[40] 段文斌：《产权、制度变迁与经济发展：新制度经济学前沿专题》，南开大学出版社 2003 年版。

[41] 樊篱明：《产业发展与产业政策》，山东人民出版社 2000 年版。

[42] 方甲：《产业组织理论与政策研究》，经济管理出版社 1987 年版。

[43] 顾江：《文化产业经济学》，南京大学出版社 2007 年版。

[44] 郭辉勤：《创意经济学：21 世纪全新经济形态》，重庆出版社 2007 年版。

[45] 国家发展和改革委员会产业经济与技术经济研究所编：《中国产业发展报告》，经济管理出版社 2010 年版。

[46] 胡宇辰：《产业集群支持体系》，经济管理出版社 2005 年版。

[47] 黄升民：《新广告观》，中国物价出版社 2003 年版。

[48] 黄思铭：《知识经济与高新技术产业》，云南科学技术出版社 1998 年版。

[49] 姜国祥：《核心竞争力》，中国商业出版社 2004 年版。

［50］金碚：《产业组织经济学》，经济管理出版社 2005 年版。

［51］景维民：《转型经济学》，南开大学出版社 2003 年版。

［52］景维民：《从计划到市场的过渡：转型经济学前沿专题》，南开大学出版社 2003 年版。

［53］巨荣良：《新经济视角下的产业组织理论研究》，知识产权出版社 2005 年版。

［54］李永禄：《中国产业经济研究》，西南财经大学出版社 2002 年版。

［55］李悦、李平、孔令丞：《产业经济学》（第二版），东北财经大学出版社 2008 年版。

［56］厉无畏：《转变经济增长方式研究》，学林出版社 2006 年版。

［57］林峰：《可持续发展与产业结构调整》，社会科学文献出版社 2006 年版。

［58］刘东勋：《转型发展经济中产业集群的起源与演化》，社会科学文献出版社 2009 年版。

［59］刘鹤：《结构转换研究》，中国财政经济出版社 1999 年版。

［60］刘珂：《产业集群升级研究》，黄河水利出版社 2008 年版。

［61］刘小玄：《中国转轨过程中的产权和市场：关于市场、产权、行为和绩效的分析》，上海人民出版社 2003 年版。

［62］马健：《产业融合论》，南京大学出版社 2006 年版。

［63］［英］马歇尔：《经济学原理》，陈良璧译，商务印书馆 1983 年版。

［64］邱爽：《产权、创新与经济增长》，经济科学出版社 2009 年版。

［65］曲维枝：《信息产业与中国经济结构调整》，中国财政经济出版社 2001 年版。

［66］沈志渔：《经济全球化与中国产业组织调整》，经济管理出版社 2006 年版。

［67］苏东水：《产业经济学》，高等教育出版社 2006 年版。

［68］隋映辉：《产业集群：成长、竞争与战略》，青岛出版社 2005年版。

［69］孙立平：《转型与断裂》，清华大学出版社 2004 年版。

［70］王昌林：《中国产业发展研究报告》，经济管理出版社 2008年版。

［71］王淑英：《产业经济学》，经济科学出版社 2005 年版。

［72］王与君：《中国经济国际竞争力》，江西人民出版社 2000年版。

［73］吴晓波：《全球化制造与二次创新：赢得后发优势》，机械工业出版社 2006 年版。

［74］夏大慰：《面对新经济时代的产业经济研究》，上海财经大学出版社 2001 年版。

［75］杨德勇：《产业结构研究导论》，知识产权出版社 2008 年版。

［76］杨公仆、夏大慰：《现代产业经济学》，上海财经大学出版社 1999 年版。

［77］杨公仆：《产业结构：上海的抉择和优化》，上海财经大学出版社 2001 年版。

［78］杨公朴、夏大慰、龚仰军主编：《产业经济学教程》（第三版），上海财经大学出版社 2008 年版。

［79］杨小凯：《经济学原理》，中国社会科学出版社 1998 年版。

［80］杨治：《产业经济学导论》，中国人民大学出版社 1985 年版。

［81］于刃刚、李玉红、麻卫华、于大海：《产业融合论》，人民出版社 2006 年版。

［82］喻国明：《解析传媒变局——来自中国传媒业第一现场的报告》，南方日报出版社 2002 年版。

［83］原毅军、董琨：《产业结构的变动与优化：理论解释和定量分析》，大连理工大学出版社 2008 年版。

［84］袁东：《挑战和宽容——危机与创新的经济学思维》，经济

科学出版社 2008 年版。

[85] 曾兰平:《中国广告产业制度问题检讨》,经济科学出版社 2009 年版。

[86] 张杰军:《反垄断、创新与经济发展》,中国水利水电出版社 2008 年版。

[87] 张金海、黄玉波:《现代广告经营与管理》,首都经济贸易大学出版社 2006 年版。

[88] 张金海、余晓莉:《现代广告学教程》,高等教育出版社 2010 年版。

[89] 张金海:《20 世纪广告传播理论研究》,武汉大学出版社 2002 年版。

[90] 张磊:《产业融合与互联网管制》,上海财经大学出版社 2001 年版。

[91] 张耀辉:《技术创新与产业组织演变》,经济管理出版社 2004 年版。

[92] 赵玉林:《创新经济学》,中国经济出版社 2006 年版。

[93] 支庭荣:《西方媒介产业化历史研究》,广东人民出版社 2004 年版。

[94] 《中国经济形势分析与预测》,陈佳贵译,社会科学文献出版社 2009 年版。

[95] 周叔莲:《产业政策研究》,经济管理出版社 1987 年版。

[96] 周振华:《信息化与产业融合》,上海人民出版社 2005 年版。

三 论文类中文文献

[97] 毕小青、王代丽:《产业融合视角下的创意产业——从植入式广告看创意产业的融合创新》,《广告人》2009 年第 2 期。

[98] 陈刚:《走向集团化——中国广告业趋势研究》,《现代广

告》2003 年第 6 期。

[99] 陈刚：《媒介扶广告公司一把》，《广告大观》（综合版）2005
年第 3 期。

[100] 陈刚：《喜忧参半——对文化产业振兴规划与中国广告业的
未来发展的思考》，《广告大观》（综合版）2009 年第 9 期。

[101] 陈刚、单丽晶、阮珂、周冰、王力：《对中国广告代理制目
前存在问题及其原因的思考》，《广告研究》（理论版）2006
年第 1 期。

[102] 陈鹭流：《广告公司的集中化和专业化发展——广告公司
面临的形势和发展思路》，《中国广告》1997 年第 1 期。

[103] 陈永、丁俊杰、黄升民等：《中国广告业生态调查报告》，
《现代广告》2005—2009 年。

[104] 陈永、张金海等：《中国广告产业将走向何方》，《现代广
告》2006 年第 7 期。

[105] 丁俊杰、黄河：《观察与思考：中国广告观——中国广告产
业定位与发展趋势之探讨》，《现代传播》2007 年第 4 期。

[106] 丁俊杰、王昕：《2009 年中国广告业的空间与理性》，《新
闻与写作》2009 年第 1 期。

[107] 丁俊杰：《回归与重塑：危机下中国广告业的发展趋势》，
《广告人》2008 年第 3 期。

[108] 黄升民：《1999：冷眼向洋看世界——中国广告市场力量
游戏的继续》，《国际广告》2000 年第 2 期。

[109] 黄升民：《碎片化背景下消费行为的新变化与发展趋势》，
《广告研究》2006 年第 2 期。

[110] 姜帆：《数字传播背景下广告的生存与发展研究》，武汉大
学，博士学位论文，2010 年。

[111] 金定海：《对接问题，对接政策——写在〈文化产业振兴规
划〉出台之际》，《广告大观》（综合版）2009 年第 9 期。

［112］廖秉宜：《中国广告产业的战略转型与产业核心竞争力的提升》，《广告大观》（理论版）2009 年第 2 期。

［113］廖秉宜：《自主与创新：中国广告产业发展研究》，武汉大学，博士学位论文，2008 年。

［114］廖直洲：《广告代理制研究的话语嬗变》（1993—2009），《青年科学》2010 年第 5 期。

［115］刘传红：《广告产业研究的几个基本问题》，《武汉大学学报》（人文科学版）2007 年第 2 期。

［116］卢山冰：《中国广告产业发展研究》，西北大学，博士学位论文，2005 年。

［117］孟建：《中国广告业的发展与中国消费形态——对中国广告业在拉动经济增长中的若干思考》，《常州工业技术学院学报》2000 年第 1 期。

［118］钱广贵：《经济危机、产业整合与本土广告业的发展》，《新闻爱好者》2009 年第 18 期。

［119］沈剑宏、于玲：《广告产业的经济学分析》，《广角视野》2007 年第 2 期。

［120］史学军：《市场竞争与企业内部治理结构》，《经济科学》2001 年第 6 期。

［121］史学军：《沉淀成本、承揽制度与全球广告市场结构》，《产业经济研究》2004 年第 5 期。

［122］舒咏平、祁萌：《本土公司集团化尚需民族资本进入》，《现代广告》2005 年第 12 期。

［123］童丽莉：《网络广告的互动性》，中国新闻传播学评论，http：//www.cjr.com.cn。

［124］吴永新：《我国广告业的发展与国民经济发展关系研究》，《中国广告》2006 年第 8 期。

［125］武汉大学媒体发展研究中心课题组：《中国广告产业现状

与发展模式研究》，《中国媒体发展研究报告》2005 年卷。

[126] 熊蕾：《广告的权力机制研究》，武汉大学，博士学位论文，2008 年。

[127] 徐卫华：《广告代理费模式的变迁与广告代理公司的转型》，《中国广告》2008 年第 8 期。

[128] 徐卫华：《试论我国广告产业的衰退原因及对策》，《中南民族大学学报》（人文科学版）2008 年第 5 期。

[129] 杨猛：《广告行业面临抉择良机》，《广告大观》（综合版）2009 年第 1 期。

[130] 尹良润：《中国报业产业转型与产业创新研究》，武汉大学，博士学位论文，2010 年。

[131] 尹铁钢：《从广告产业角度探讨媒介与广告组织二者的关系》，《广告大观》（理论版）2010 年第 2 期。

[132] 张金海：《从营销传播的末端走向高端》，《广告人》2009 年第 8 期。

[133] 张金海：《广告的现实生存与未来发展》，《武汉大学学报》（人文科学版）2009 年第 7 期。

[134] 张金海、段淳林：《整合品牌传播的理论与实务探析》，《黑龙江社会科学》2008 年第 5 期。

[135] 张金海、黄迎新：《广告代理的危机与广告产业的升级与转型》，《广告大观》（综合版）2007 年第 6 期。

[136] 张金海、廖秉宜：《网络与数字传播时代广告告知功能的回归》，《广告大观》（综合版）2006 年第 7 期。

[137] 张金海、廖秉宜：《中国广告产业集群化发展的战略选择与制度审视》，《广告大观》（理论版）2009 年第 2 期。

[138] 张金海、廖秉宜：《广告代理制的历史检视与重新解读》，《广告大观》（理论版）2007 年第 2 期。

[139] 张金海、廖秉宜：《用创意创新广告产业》，《广告大观》

（综合版）2007 年第 3 期。

［140］张金海、廖秉宜：《整合资源与分时传播——分时传媒的两大核心竞争优势》，《广告大观》（综合版）2007 年第 1 期。

［141］张金海、廖秉宜：《中国广告产业发展的危机及产业创新的对策》，《新闻与传播评论》2008 年。

［142］张金海、刘芳：《中国广告产业"低集中度"与"泛专业化"两大核心问题的检视——兼论中国广告产业的改造与升级》，《现代广告·学刊》2009 年第 B4 期。

［143］张金海、钱广贵：《行政作为、利润危机与本土广告产业发展》，《广告大观》（综合版）2008 年第 10 期。

［144］张金海：《挑战下的广告：变革、创新、转型》，《广告人》2010 年第 4 期。

［145］张金海、王润珏：《数字技术与网络传播背景下的广告生存形态》，《武汉大学学报》（人文科学版）2009 年第 4 期。

［146］张金海、于小川：《内容：媒体生存的第一要义》，《广告人》2008 年第 3 期。

［147］张金海、周丽玲：《广告素养的概念框架与影响因素》，《新闻与传播研究》2008 年第 4 期。

［148］张金海、高运峰、门书均、于小川、李明：《全球五大广告集团解析研究》，《现代广告》2005 年第 6 期。

［149］张金海：《区域广告业的未来发展》，《广告大观》（综合版）2008 年第 12 期。

［150］郑保卫：《事业性和产业性：转型期中国传媒业双重属性解读》，《中国新闻传播学评论》2006 年第 9 期。

四　英文文献

［151］Batra, Rajeev, Stayman, Douglas M., The role of mood in advertising effectiveness, *Journal of Consumer Research*, September, 1990, Volume 17, Issue 2.

[152] Benjamin W. P. Jolly and J. Maitland, "Operational Research and Advertising: Theories of Response", *Operations Research Quarterly*, 1958, 9: 207 - 217.

[153] Pradeep K. Chintagunta, Nautfel J. Vilcassim, *An empirical investigation of advertising Strategies in a dynamic duopoly*, Mannagement Science, 1992, 38 (9): 1230 - 1244.

[154] Daniel PoPo, *The Development of National Advertising*, 1865 - 1920, Journal of economic history, 1974, 34 (6): 53.

[155] Daniel C. Hallinand Paolo Maneini, *Comparing Media Systems: Three Models of Media and Polities*, Cambridgeand New York: Cambridge University Press, 2004.

[156] Don E. Schultz, Phililp J. Kitchen, Integrated Marketing Communications in U. S. Advertising Agencies: An Exploratory Study, *Journal of Advertising Research*, 1997, (9/10): 7 - 16.

[157] Ewen, Stuart, *Captains of Consciousness: Advertising and the Social Roots of the Consumer Culture*, New York: McGraw- Hill, 1996.

[158] Feichtinger, G. and R. F. Hartl and S. P. Sethi, "Dynamic Optimal Control Models in Advertising: Recent Development", *Manegerment Science*, 1994, 40 (2): 195 - 226.

[159] Herbert Jack Rotfeld, Charles R. , Taylor the advertising regulation and self-regulation issues ripped from thehead lines with (sometimes missed) opportunities for disciplined multidisciplinary research, *Journal of Advertising*, Winter, 2009, Vol. 38, Issue.

[160] Jaemin Jung, Acquisition or joint ventures: foreign market en-

try strategy of US advertising agencies, *Jouranl of Media Economics*, 2004, 17 (1): 35 – 50.

[161] Lynne Eagle, Philip J. Kitchen, Perceptions of Integrated Marketing Communications among Marketers & Ad Agency Execu-tives in New Zealand, *International Journal of Advertising*, 1999, 18 (1): 89 – 119.

[162] "It's All Advertising". *Promo Magazine*, October, 1991.

[163] Sandage C. H. , V. Fryburger, and K. Rotzoll, "The Theory and Advertising", Richard D. Irwin Inc.

[164] http: //www. advertising age. com.

后　记

　　珞珈山畔，樱花树下，十年光阴，我一直在学习广告学。从"广告是什么""如何做广告"一直到"广告产业的相关研究"，我不断地学习、成长和成熟。

　　自2008年起，我开始关注并研究有关中国广告产业发展的相关问题。我认为，中国广告产业转型是一个源于现实的迫切问题，在国家经济发展战略、数字技术和网络传播，以及整合营销传播背景下，转型成为中国广告产业的一个必然选择。基于这个想法，2011年，我完成了博士论文《中国广告产业转型研究》。论文完成至今已有五年时间，在这五年时间里，传播环境和数字环境在不断变化，我也进行了相应的修改，前后倾注了大量的心力，但由于精力和水平所限，难免有不足之处，敬请学界、业界各位专家和读者朋友批评指正。

　　感谢在学术上对我耳提面命的师长，感谢工作中对我支持帮助的领导同事，感谢生活上对我关心照顾的家人，谢谢。

杨　雪

2016 年 7 月